레위기 적용과 실천

변화를 만드는 성경 3

레위기 적용과 실천

초판 1쇄 인쇄 2025년 1월 20일
초판 1쇄 발행 2025년 1월 25일

지 은 이 | 김완섭
펴 낸 이 | 오복희

펴 낸 곳 | 도서출판 개혁과회복
등록번호 | 제2018-000044호
등록일자 | 2018년 4월 12일
주　　소 | 서울특별시 송파구 마천로 100 C동 402호(오금동)
편 집 부 | 010-6214-1361
관 리 부 | 010-8339-1192
팩　　스 | 02-3402-1112
이 메 일 | newvisionk@hanmail.net

디 자 인 | 참디자인

ISBN 979-11-89787-54-7 (04230)
　　　　 979-11-89787-51-6 (세트)

JMDC 경건훈련도서

레위기
적용과 실천

김완섭 지음

변화를 만드는 성경 3

도서출판
개혁과회복

변화를 만드는 성경

『변화를 만드는 성경』시리즈는 성경개론, 묵상, 설교자료, 삶에 적용, 실천, 변화까지 만들어주는 경건훈련을 겸한 성경안내서입니다. 어떻게 그것이 가능할까요? 모든 초점을 오로지 변화에만 맞추면 그렇게 될 수 있습니다. 개론적인 부분도 적용과 변화가 가능한 정도까지를 종합하여 제시합니다. 묵상은 좀 더 근본적인 접근방법으로 인하여 하나님 중심적인 시각으로 자신과 세상을 바라볼 수 있게 만들어줍니다. 현실적으로 활용이 가능한 설교의 자료들을 풍부하게 제공합니다. 구약이든 신약이든 제자로서의 삶을 이끌어줄 수 있도록 적용하는 일에 초점을 맞춥니다. 결국『변화를 만드는 성경』시리즈를 창세기부터 꾸준하게 읽고 적용하다가 보면 자신도 모르는 사이에 시각이 바뀌고 삶이 서서히 변화되어 그리스도의 제자로서의 영성을 얻게 될 것입니다. 마치 새로운 성경을 보는 것 같은 생각도 들 것입니다.

성경을 대하는 방법은 여러 가지가 있지만 그 모든 것을 종합하면 성경을 읽거나 묵상하거나 공부하는 목적은 적용과 실천이라고 할 수 있습니다. 물론 신학적인 입장에 따라 다양한 해석이 나오는 것은 사실이지만 말씀의 흐름과 목표의 범위를 크게 벗어나서는 안 될 것입니다. 본 시리즈의 목적은 그런 말씀의 원리를 어떻게 실제 삶 속에 적용하고 실천할 것인가에 대한 고민으로부터 출발했습니다. 그런 고민을 안고 기획하고 집필하다가 이런 형태의 안내서가 완성되었던 것입니다.

신앙은 삶과 유리될 수 없습니다. 삶에서 떨어져서 신앙 자체만을 고수하려고 하는 순간 우리는 말씀의 본질을 잃어버리게 될 것입니다. 물론 한시적으로 현실을 벗어나서 영성에 집중할 수는 있겠지만, 기본적으로 삶에 뿌리를 두어야 진정한 영성이 이루어질 수 있습니다. 그런데 많은 경우에 말씀을 삶에 적용하는 데 어려움을 느끼고 있습니다. 그것은 교회 안에서만 머무르려고 하는 시도와 깊이 연결되어 있습니다. 어떻게 참다운 신앙을 세상 속에서 살릴 것인가에 대해서 낯설어하는 것이 오늘날의 현실입니다. 이 책은 그런 면에서 하나의 모델이 될 수 있을 것입니다.

『변화를 만드는 성경』 시리즈는 성경 전체를 총 32권에 나누어서 날마다 한 장씩 성경을 읽고 묵상하고 적용하면서 은혜를 받고 변화될 수 있도록 기획된 특별한 목적의 책들입니다. 현실적인 신앙생활에 적용이 가능하도록 해설한 족집게 식 개론과 다른 시각으로 생각하도록 기획한 묵상과 실천적인 문제제시로 이루어진 이 책을 사용한다면 평이한 성경통독이나 묵상을 대체할 수 있는 뛰어난 안내가 될 수 있고, 하나님의 말씀의 귀한 양식을 취할 뿐만 아니라 소화까지 완벽하게 이루어냄으로써 날마다 하나님을 새롭게 만나게 되며 나날이 신앙이 성장해가는 경험을 할 수 있을 것입니다.

이 책은 교회 안에서 소그룹으로 활동하게 만들어도 교회에 많은 변화가 올 것입니다. 성경묵상이나 공부가 아니라 실천서이기 때문입니다. 매일 성경 한 장 속에 두세 가지 적용과 실천사항이 제공되는데 매일 감당하지 못하면 한 주에 한두 가지만 실천을 시도해도 자연스럽게 큰 변화가 올 것입니다. 다만 소그룹으로 진행할 때에는 반드시 성도들 스스로 해당되는 부분을 미리 온전하게 준비해야만 그 효용성이 나타날 것입니다. 자신이 소화하지 못한 말씀은 아무리 그럴 듯하게 감동적으로 듣더라도 거의 자기 것이 되지 못합니다. 신앙지식적인 면에서도 당연하지만 변화라는 측면에서는 오히려 그 변화를 훼방하게 될 뿐입니다. 자신이 소유한 것을 지체들과 나눔으로써 그 말씀이 객관화될 수 있고 온전하게 신앙의식 속으로 녹아들어갈 수 있을 것입니다.

다만 『변화를 만드는 성경』 시리즈는 주석이나 연구서가 아닙니다. 깊이 있는 신학적인 요구사항을 가지고 본다면 만족하기 어려울 것입니다. 적용 대상은 기본적으로 일반 성도들입니다. 그렇다고 목회자나 설교자에게 도움이 되지 않는 것은 아닙니다. 순수하게 신앙이라는 관점에서 작성한 내용들이기 때문입니다. 따라서 목회자라고 할지라도 마음을 열고 이 책을 진지하게 독파해나간다면 주님께서 더욱 기뻐하시는 제자로서의 삶을 살 수 있게 될 것입니다.

『변화를 만드는 성경』을 잘 활용하려면

무슨 교육이나 훈련이든지 간에 활용방식에 따라 엄청난 차이가 나타납니다. 똑같은 훈련이라도 접근방식과 훈련방식에 따라 큰 차이가 있습니다. 전혀 효과적이지 않을 수도 있고 너무나도 크게 변화될 수도 있습니다. 다음과 같은 방식을 그대로 따라간다면 반드시 놀라운 변화를 경험하게 될 것입니다.

1. 이 책을 대하기 전에 반드시 성경의 해당본문을 먼저 정독할 것을 권합니다. 원본인 성경의 내용을 파악하기 위해서입니다.

2. 이 책의 각 단원의 본문 개론, 본문 구성, 본문 적용까지를 읽습니다. 이 책에서 제시하는 구체적인 방향을 알기 위해서입니다.

3. 그 다음에 성경본문을 다시 한 번 정독합니다. 이제 이 책의 방향이 더 뚜렷해지고 묵상과 적용을 위한 준비가 됩니다.

4. 지금부터 이 책의 각 소제목의 내용을 읽고 묵상하고 적용해 나갑니다. 소제목은 2~3가지가 제시되는데 각 소제목들의 해당부분을 충분히 소화합니다.

5. 마지막으로 종합적으로 '하나님의 마음', '오늘 받은 은혜', '실천을 위한 도전'을 진행합니다.

6. '실천을 위한 도전' 부분은 반드시 먼저 성령님께 간구하여 깨닫게 해달라는 기도 후에 깊이 묵상하시기 바랍니다. 질문만으로는 자신의 신앙현실을 깨닫기가 쉽지 않기 때문입니다.

마지막으로 꼭 당부하고 싶은 것은 기존에 가지고 있는 생각을 다 내려놓기를 바랍니다. 비현실적인 내용을 현실적으로 적용하려면 선입견을 버려야 하기 때문입니다. 신앙이 자라지 못하는 이유는 고정관념 때문인 경우가 많습니다. 열린 마음, 긍정적이고 변화를 소망하는 마음으로 이 책을 진행해나감으로써 신앙의식이 변화되어 생각이 바뀌고 언어와 행동과 삶이 변화되는 모든 분들이 되시기를 간절히 바랍니다. 이 책을 사용하는 모든 분들을 축복합니다.

차 례

적용과 실천을 위한
레위기

레위기 개관

개요, 저자, 연대

모세오경의 세 번째 책인 본서는 출애굽기의 내용과 연결되는 하나의 책이라고 할 수 있는데, 거룩하신 하나님과 타락한 인간 사이의 화해에 대해서 설명하고 있습니다. 그것은 다각도로 모범적인 제사의식에 대한 상세한 규례를 제시하시는 것입니다. 인간의 죄가 얼마나 깊고 넓은지, 이렇게까지 해야 하나님과 교제할 수 있다는 사실은 놀랍기도 합니다. 구약의 이런 모든 제사법은 우리를 위해 십자가에서 죽으신 예수 그리스도의 위대하심을 알 수 있게 하는데 왜냐하면 예수님의 제물 되심은 이런 모든 제사를 한꺼번에 다 성취하신 것이기 때문입니다. 이 레위기의 제목은 원래 '제사서', '제사장들의 율법', '제사 책'이라고도 하는데 70인역을 따라 '레위기'라고 부르게 된 것입니다.

레위기에는 모세오경 중에서 유일하게 장소의 이동이 나타나지 않습니다. 성막이 세워진 제2년 1월 1일(출 40:17) 이후로부터 인구를 조사하는 2월 1일(민 1:1) 사이의 약 1달 동안의 하나님의 말씀에 대한 기록입니다. 성막건축을 마친 출애굽기에 이어서 기록된 본서는 선민 이스라엘이 어떻게 하나님께 나아갈 것인가에 초점을 두고 있습니다. 그래서 수직적인 제사를 통해서 하나님과 생명의 교제를 나누는 방법과 수평적으로 타락한 세상 속에서 하나님의 백성들이 거룩함을 어떻게 지킬 것인가에 대해서 가르치고 있는 것입니다. 레위기는 하나님의 백성들이 하나님을 예배하는 방법과 하나님 앞에서 거룩하게 살아가는 방법을 명령하신 것입니다. 그리고 하나님과 택하신 백성들 사이의 교제는 오직 제사장의 중재와 제사를 통해서만 가능하다는 사실을 가르쳐주고 있습니다.

레위기를 통하여 하나님께서 하나님의 백성들에게 무엇을 가르치기를 원하셨을까요? 물론 제사법이나 성화의 법에 대한 엄격한 규례들을 가르치셨지만 그 이전에 하나님께서 꼭 백성들의 가슴에 새겼으면 하시는 점을 우리는 알아야 할 것입니다. 하나님은 선민들이 오직 거룩한 백성들이 되기를 원하셨습니다. 제사법이나 율법이 훼손되면 이스라엘의 거룩성은 사라져버리게 됩니다. 그리고 거룩함을 유지하기 위해서는 오직 하나님의 방법으로만 가능하다는 사실을 가슴에 새기시려는 것입니다. 또한 아무리 엄격하게 거룩함을 요구하시는 하나님이시지만 그 동기는 전부 사랑이라는 사실을 가르쳐주고 있습니다. 백성들은 하나님과 교제하며 사는 것이 가장 큰 복이라는 것을 알아야 합니다. 그래서 결국 백성들의 모든 삶이 하나님 중심으로 이루어져가기를 원하셨던 것입니다.

이전 책에서 기술한 대로 창세기를 비롯하여 모세오경의 저자는 당연히 모세입니다. 몇 군데를 제외하면 모세는 줄곧 '나'라는 일인칭대명사가 아니라 '그'라는 삼인칭대명사를 사용합니다. 그러나 이것은 모세가 저자가 아니라는 말이 아니라 이스라엘 민족의 역사를 하나님께서 주관하신다는 관점을 유지하기 위한 것입니다. 다른 모세오경과 마찬가지로 출애굽에서부터 모세가 최후를 맞이하는 느보산에 이르기까지의 40년 중의 어느 시점에서 기록되었는데 연대로는 B.C.1446년~1406년 사이의 기간 중입니다.

적용과 실천을 위하여

　레위기를 통하여 주시는 모든 명령의 원리는 기본적으로 신약 백성들의 삶의 모습과 정확하게 일치합니다. 물론 그리스도로 인하여 형식은 완전히 바뀌었지만 우리 속에 흐르는 영적인 흐름은 구약에서나 신약에서나 동일한 것입니다. 차이점이라면 구약에서는 육체의 성결이 전제될 때 영혼의 성결도 이루어질 수 있다고 한다면 신약에서는 영적인 성결이 이루어질 때 육체의 성결도 가능하다고 할 수 있는데, 이것은 바로 예수 그리스도로 인한 효과이며 그것은 우리 속에 거하시는 성령님으로 인하여 가능한 것입니다. 그러나 구약 제사에서 제물의 완전함과 형식의 완전함을 항상 요구한다는 것을 생각하면 우리가 그리스도와 교제할 때에 우리의 모든 것을 비우고 버려야 진정한 교제가 가능하다는 점과 일치합니다.

　구약의 하나님이 오늘날 신약의 하나님이십니다. 이스라엘 백성들을 출애굽시키시고 거룩한 제사법을 일러주신 하나님은 오늘날 여전히 우리들을 하나님의 사랑과 은혜 가운데로 인도하시는 동일한 그 하나님이십니다. 그러므로 레위기를 읽으면 상세한 규례가 반복되는 것 같아도 그 모든 말씀이 동시에 지금 우리 자신에게 주시는 말씀인 것입니다. 물론 오늘날의 시각으로 볼 때 분명히 지나치다고 할 수 있는 부분도 눈에 띌 수 있습니다. 어떻게 수천 년 전의 상황이 오늘날과 겹치겠습니까? 그 당시의 상황은 마치 전쟁 상황이나 재난의 상태와도 유사했을 것입니다. 언제 어떤 식으로 죽어도 별로 이상하지 않은 시대였습니다. 이스라엘의 거룩성을 지키기 위해서는 그 어떤 희생도 마다할 수 없는 시대였습니다. 그러므로 오늘날의 잣대로 내용을 판단하지 말고 그 속에서 나에게 주시는 하나님의 말씀을 발견해야 합니다. 이 책의 기록목적도 그것입니다.

다만 우리는 발견하는 것으로 그치는 것이 아니라 우리의 삶에 실제로 적용할 수 있도록 계속 기도해야 합니다. 우리의 논리와 지혜로 깨닫는 데는 한계가 뚜렷하기 때문입니다. 신약의 레위기는 바로 히브리서입니다. 특히 8장과 9장이 그렇습니다. 삶에 적용하고 실천하는 법률서, 실천서로 읽으시기 바랍니다. 성령님께서 인도하시고 도와주실 것입니다.

01
번제 : 완전한 드림
레위기 1:1~17

본문 개론

가장 먼저 번제(燔祭)를 명하시는데 번제는 드려지는 제물 전체를 완전히 불태워서 드리는 제사입니다. 번제는 그러므로 자기의 모든 생명을 하나님께 바치기 위한 예식이었습니다. 모든 제사의 시작이며 모든 제사의 전체적인 의미가 되는 것입니다. 자기 생명까지 전체를 하나님께 드리고 자기에게 아무것도 남겨두지 말라는 의미입니다. 그래서 우리가 드리는 예물도 자기를 먼저 드리고 나서 자기 소유물을 드릴 수 있게 되는 것입니다. 번제의 규례는 소로 드리는 경우와 양이나 염소로 드리는 경우, 그리고 새로 드리는 번제가 있는데 우선 백성은 제물에 안수하도록 되어 있었습니다. 그것은 그 짐승(제물)을 받으셨을 때 그를 위하여 속죄가 되었다는 것을 의미했습니다. 제물이 소나 양이나 염소라면 제물을 드리는 사람이 그것을 잡아 준비하고 제사장이 그것과 피를 제단에 가져갔고, 새라면 곧바로 제사장에게로 가져가서 그 제물들을 완전히 불태워야 했습니다.

본문 구성

본문 적용

하나님은 전체 백성으로서 이스라엘을 만나셨고 또 한 사람 한 사람과도 제사를 통해 만나셨습니다. 번제를 드리는 이유는 자기를 완전히 드림으로써 죄가 제사를 통해 향기로운 냄새로 올라가게 하기 위해서입니다. 그런데 번제는 제물을 드리는 사람이 짐승에게 직접 칼을 대도록 하심으로써 짐승이 죽음에 대해 느끼는 공포를 사람도 그대로 느끼도록 하셨습니다. 그래야 번제의 의미를 실감할 것이기 때문입니다. 이스라엘 백성들이 짐승을 잡아 번제를 드릴 때의 그런 느낌을 신약 백성들이 경험할 수 있겠습니까? 하나님의 임재와 하나님과의 교통을 몸으로, 느낌으로 실감하는 것이 우리의 예배라야 합니다. 우리는 몸을 가지고 있으므로 다 버리고 하나님을 만나게 해달라고 결단하고 간구해도 그렇게 잘 되지 못합니다. 번제의 명령을 깊이 생각하면서 제사의 현장에 가 있는 느낌으로 깊이 빠져서 읽기를 바랍니다.

❶ 허물이 없습니까?

핵심구절 : "이스라엘 자손에게 말하여 이르라 너희 중에 누구든지 여호와께 예물을 드리려거든 가축 중에서 소나 양으로 예물을 드릴지니라 그 예물이 소의 번제이면 흠 없는 수컷으로 회막 문에서 여호와 앞에 기쁘게 받으시도록 드릴지니라 그는 번제물의 머리에 안수할지니 그를 위하여 기쁘게 받으심이 되어 그를 위하여 속죄가 될 것이라"(레 1:2~4)

하나님이 보시기에는 작은 죄나 큰 죄나 죄라는 의미에서는 동일합니다. 미워하는 죄는 살인하는 죄와 같다고 했습니다(요일 3:15). 우리는 보통 얼마나 큰 죄를 지었는가, 얼마나 잔인하고 포악한가를 생각하며 혀를 차지만, 죄는 똑같은 죄일 뿐입니다. 그것은 하나님과의 관계가 끊어진 사람들에게서 나타나는 마귀의 궤계이기 때문입니다. 그리스도인이라 할지라도 하나님과의 관계가 멀어지면 죄를 짓게 되어 있습니다. 원래 죄의 출발점이 하나님께 대한 아담의 불순종에서 비롯되었기 때문입니다. 그런데 번제는 바로 그 인간의 죄를 씻어내기 위해서 드려지는 제사입니다. 그렇다면 이 번제의 가장 핵심적인 요소는 무엇이어야 하겠습니까?

핵심은 완전한 씻음이어야 한다는 것입니다. 제물이 숫소이든 숫양이든 숫염소이든 비둘기이든 크고 작거나 많고 적거나와 관계없이 전부 다 불태워버려야 합니다. 곧 모든 죄를 말끔하게 씻어버려야 번제의 목적이 성취되는 것입니다. 물론 오늘날 번제가 드려지지는 않습니다. 왜냐하면 예수님께서 십자가 제물이 되셔서 마치 번제를 통하여 죄를 깨끗하게 만드는 것처럼 단 한 번의 제사로 인간의 모든 죄를 말끔하게 씻으셨기 때문입니다. 물론 그것을 확실하게 믿을 때 그런 등식이 성립됩니다. 그런데 우리 모두는 날마다 크고 작은 죄를 지으면서 살아갑니다. 그 죄와 허물을 날마다 번제로 태우듯이 우리를 깨끗하게 하면서 살아야 합니다. 그렇지 않고 그 허물이 자꾸 쌓이면 점점 하나님으로부터 멀어지게 되는 것입니다.

"주를 향하여 이 소망을 가진 자마다 그의 깨끗하심과 같이 자기를 깨끗하게 하느니라"(요일 3:3)

적용하기 : 문화와 사회적으로 유혹과 혼란을 통하여 허물을 많이 생성할 수밖에 없는 세상에서 당신은 어떻게 영적 청결을 유지하고 있습니까? 또는 아무 대책 없이 살고 있습니까?

❷ 삶의 향기를 퍼뜨리라.

핵심구절 : "그 내장과 그 정강이를 물로 씻을 것이요 제사장은 그 전부를 가져다가 제단 위에서 불살라 번제를 드릴지니 이는 화제라 여호와께 향기로운 냄새니라 … 또 그 날개 자리에서 그 몸을 찢되 아주 찢지 말고 제사장이 그것을 제단 위의 불 위에 있는 나무 위에서 불살라 번제를 드릴지니 이는 화제라 여호와께 향기로운 냄새니라"(레 1:13, 17)

번제로 드릴 때의 향기로운 냄새는 하나님께서 모든 허물을 남김없이 태웠다는 의미에서 기뻐 받으십니다. 그렇다면 그 냄새는 제사를 집전하는 제자장이나 함께 제사를 드리는 사람들에게는 나지 않을까요? 아닙니다. 그곳이나 그 주변에 있는 모든 사람들이 그 냄새를 맡게 됩니다. 무슨 뜻인가 하면 번제를 속죄제로 드리는 사람의 죄 씻음은 사람들에게도 공표가 된다는 것입니다. 곧 우리가 우리의 죄를 온전하게 속죄하게 되면 사람들에게도 알려지게 되는 것이고 그것을 통하여 우리가 드리는 향기로운 냄새를 다른 사람들도 맡는다는 사실을 의식해야 한다는 것입니다.

그리스도인의 삶은 우선은 보이지 않으시는 하나님께 고스란히 드러나는 것이지만 그와 함께 다른 이웃들에게도 그대로 전해져서 평가받게 되는 것입니다. 우리가 꼭 알아야 할 것은 하나님께서 우리를 심판하시기 전에 세상이 먼저 우리를 심판한다는 것입니다. 물론 그 중에는 일방적으로 비난하고 공격하는 경우가 많습니다. 그러나 그것도 우리가 번제로 제물을 태우듯이 우리를 깨끗하게 한다면 그들에게도 향기로 전해지는 것입니다. 알다시피 냄새는 사방으로 퍼져나갑니다. 향기를 풍기면 향기가 퍼져나가고 악취를 풍기면 악취가 퍼져 나갑니다. 제사는 결코 하나님과 당사자 사이에만 관계가 있는 것이 아니라 세상과도 긴밀하게 연결되어 있는 것입니다.

> "그러므로 형제들아 내가 하나님의 모든 자비하심으로 너희를 권하노니 너희 몸을 하나님이 기뻐하시는 거룩한 산 제물로 드리라 이는 너희가 드릴 영적 예배니라"(롬 12:1)

적용하기 : 교회 예배에 최선을 다하고 있습니까? 그러면 세상에서의 삶의 예배에 대해서 당신은 어떻게 생각합니까?

하나님의 마음

우리가 아무리 타락한 세상에서 살고 있지만 하나님은 언제나 우리가 거룩하게 세상과 구별될 것을 원하고 계십니다. 당신은 하나님의 마음을 얼마나 아프게 하고 있습니까?

오늘 받은 은혜

전체적으로 당신이 받은 은혜와 느낌을 기록해보십시오.

실천을 위한 도전 (기도하여 성령님의 인도하심을 받으십시오.)

죄를 씻을 수 있는 한 가지 실천사항과 향기를 퍼뜨릴 수 있는 한 가지 실천사항을 연구하고 찾아보십시오.

소제 : 노동의 결과물

레위기 2:1~16

본문 개론

소제(素祭)는 곡식 가루와 감람유와 유향을 갖추어서 하나님께 드리는 제사법으로, 자기 노동의 결과를 하나님께 돌리는 제사입니다. 번제는 헌신이며 소제는 헌물인 셈입니다. 가나안 땅에 들어갔을 때 이스라엘 사람들에게 주어지는 노동은 목축 외에는 밭의 소산인 밀과 언덕의 소산인 감람유로 특징지을 수 있는데 결국 그들의 노동의 목적은 이 두 가지의 산출에 있었습니다. 그러므로 소제를 드린다는 것은 자기의 땅에서 얻는 모든 노력을 전부 드린다는 의미가 있는 것입니다. 소제에는 번제나 화목제 등 피 흘리는 제사를 드릴 때 그 일부로서 드리는 제사가 있지만, 여기에서는 하나님께 대한 감사와 충성을 표현하는 독자적인 소제에 관한 규례입니다. 소제란 노동의 결실을 가루와 같이 부서진 겸허한 심령으로 온전히 하나님께 바쳐서 드리는 제사를 의미하는 것입니다.

본문 구성

고운 가루로 드리는 소제   (1~3)

구운 떡으로 드리는 소제   (4~10)

본문 적용

소제는 번제를 드릴 때 제물을 완전히 태워서 드리는 것처럼 자기를 완전히 부서뜨려서 하나님께 온전하게 드린다는 의미가 있습니다. 그리고 영적으로 기름은 성령님의 도우심을 의미하고 유향은 진실한 기도를 의미한다고 하겠습니다. 물론 당시 구약 백성들이 이런 개념을 전부 알고 제사를 드렸다고 보기는 어렵습니다. 그러나 이런 모든 명령 속에는 이미 하나님의 의도와 목적이 모두 포함되어 있습니다. 그러므로 우리는 소제의 명령에서 우리의 신앙생활에 적용할 수 있는 근거를 느낄 수 있어야 할 것입니다. 이와 마찬가지로 떡을 구울 때 누룩과 꿀을 섞으면 안 되고 반드시 소금을 칠 것을 명하셨습니다. 모든 것이 중요한 의미를 지니고 있으면서 또한 이것은 그리스도 예수님의 모든 성품과 특징을 드러내는 것이라고 볼 때 예수님을 따라 예수님의 마음을 품고 세상을 살아야 할 오늘날 그리스도인들에게 너무나도 중요한 삶의 원리를 제시한다는 사실을 알아야 하겠습니다. 소제의 원리가 오늘날 우리들의 삶의 원리인 것입니다.

❶ 해야 하는 것과 하면 안 되는 것

핵심구절 : "너희가 여호와께 드리는 모든 소제물에는 누룩을 넣지 말지니 너희가 누룩이나 꿀을 여호와께 화제로 드려 사르지 못할지니라 … 네 모든 소제

물에 소금을 치라 네 하나님의 언약의 소금을 네 소제에 빠지 못할지니 네 모든 예물에 소금을 드릴지니라 … 제사장은 찧은 곡식과 기름을 모든 유향과 함께 기념물로 불사를지니 이는 여호와께 드리는 화제니라"(레 2:11, 13, 16)

누룩은 출애굽할 때에도 백성들의 떡을 구울 때 넣지 말라고 엄명하셨습니다. 누룩은 죄를 상징합니다. 왜냐하면 죄는 누룩처럼 조금만 침범하면 급속도로 펴져나가기 때문입니다. 물론 모든 경우에 죄를 멀리해야 하는 것은 당연합니다만, 특히 제사를 드릴 때에는 극도로 삼가서 조금도 침범하지 못하게 해야 합니다. 또 하나님께 드리는 제물뿐만 아니라 우리 자신을 그 제물처럼 깨끗하고 정결하게 해야 하나님께서 그 제사를 전부 받으십니다. 꿀은 무엇입니까? 꿀은 입안에서 달콤하게 느껴집니다. 감정적인 쾌락을 뜻합니다. 하나님은 물론 하나님 이외에 인간의 욕구나 쾌락을 멀리 할 것을 요구하십니다만, 그렇다고 하나님께서 인간의 즐거움을 무조건 금하시는 것은 아닙니다. 하나님과의 관계에 훼방이 될 정도는 안 된다는 것입니다. 그런데 제물에 이 쾌락적인 요소가 들어간다면 그것을 절대 금해야 할 것입니다. 반면에 하나님은 모든 제물에 소금을 반드시 넣으라고 하셨습니다. 부패방지를 위해서도 그렇고 하나님과 백성들 사이의 소금언약(변치 않는 영원한 언약)을 항상 기억하라는 뜻이기도 한 것입니다. 물론 소금은 죄와 쾌락을 거부하고 하나님만을 사랑하라는 뜻으로 사용된 것이었습니다.

우리는 에덴동산에서도 하나님께서 금하신 것과 허용하신 것을 잘 알고 있습니다. 죄가 아직 들어오기 전이었으므로 하나님은 다른 모든 것을 전부 허용하시되 딱 한 가지 선악나무의 열매만은 금하셨습니다. 왜냐하면 그것은 세상 죄가 들어올 수 있는 병마개와 같은 기능을 하는 것이기 때문입니다. 하와가 유혹에 속아 그 병마

개를 따버리고 말았습니다. 아무리 세상문화와 교회의 복음이 뒤섞인 시대라도, 아무리 분별하기 어렵고 다양한 거짓주장이 팽배하더라도 누룩과 꿀은 철저하게 거부하고 하나님과의 언약은 지켜야 합니다.

"간음한 여인(영적 간음 포함)들아 세상과 벗된 것이 하나님과 원수 됨을 알지 못하느냐 그런즉 누구든지 세상과 벗이 되고자 하는 자는 스스로 하나님과 원수 되는 것이니라"(약 4:4)

적용하기 : 당신은 혹시 해야 하는 것을 하지 않거나 하면 안 되는 것을 하고 있지는 않습니까? 깊이 생각해보고 분별하십시오.

❷ 각자의 방식대로

핵심구절 : "누구든지 소제의 예물을 여호와께 드리려거든 고운 가루로 예물을 삼아 그 위에 기름을 붓고 또 그 위에 유향을 놓아 … 네가 화덕에 구운 것으로 소제의 예물을 드리려거든 고운 가루에 기름을 섞어 만든 무교병이나 기름을 바른 무교전병을 드릴 것이요 … 철판에 부친 것으로 소제의 예물을 드리려거든 고운 가루에 누룩을 넣지 말고 기름을 섞어 … 네가 냄비의 것으로 소제를 드리려거든 고운 가루와 기름을 섞어 만들지니라 … 처음 익은 것으로는 그것을 여호와께 드릴지나 향기로운 냄새를 위하여는 제단에 올리지 말며 … 너는 첫 이삭의 소제를 여호와께 드리거든 첫 이삭을 볶아 찧은 것으로 네 소제를 삼되"(레 2:1, 4, 5, 7, 12, 14)

하나님은 같은 제사라도 왜 여러 가지 다양한 제물을 말씀하시고 또 각 제물마다 다른 제사법을 요구하셨을까요? 소제의 재료를 전체적으로 보면 고운 가루, 화덕에 구운 것, 철판에 부친 것, 냄비의 것, 처음 익은 것, 첫 이삭 등 여섯 가지가 나옵니다. 그리고 누룩과 꿀은 공통적으로 넣어서는 안 되며, 고운 가루와 첫 이삭의 소제에는 기름과 유향을 넣어야 하지만, 화덕에 구운 것과 철판에 부친 것과 냄비에 익힌 것에는 기름만 넣고 유향은 넣지 말아야 하며, 처음 익은 것은 화제로 제단에 올릴 수 없었습니다. 아무튼 소제로만 한정해서 이야기해도 종류가 여섯 가지나 되었고 또 제물로 올리는 방법도 다양했습니다. 공통된 한 가지가 아니라 여러 가지 형태와 방식으로 제사를 드리게 하시는 하나님이십니다.

물론 하나님은 공통된 한 가지 방식만을 제시하실 수도 있습니다. 그러나 백성들의 상황에는 많은 차이가 있었습니다. 하나님은 이스라엘 공동체의 하나님이라고 해도 각 개인의 하나님이기도 하십니다. 각 사람의 형편과 처지도 배려하셔서 하나님을 찬양하고 감사하는 제사에 어려움이 없도록 하신 것입니다. 예를 들어 화덕과 철판과 냄비에서 만들어진 제물에는 값비싼 유향을 넣지 말도록 하심으로써 가난한 백성들도 마음껏 하나님께 제사할 수 있도록 하신 것입니다. 제사는 하나님과 백성들의 만남이기 때문에 반드시 제물을 드려야 받으시지만 그 제물의 가치는 금액의 크기가 아니라 그 제물을 준비하는 마음가짐인 것입니다. 마음이 빠진 채 자기를 과시하거나 사람을 의식하면서 제사를 드린다면 하나님은 오히려 벌을 내리실 것입니다. 하나님의 영광을 가로채는 것이기 때문입니다.

"저들은 그 풍족한 중에서 헌금을 넣었거니와 이 과부는 그 가난한 중에서 자기가 가지고 있는 생활비 전부를 넣었느니라 하시니라"(눅 21:4)

적용하기 : 당신은 헌금의 액수의 과다에 따라 사람을 조금이라도 판단하지 않았습니까? 당신은 얼마나 마음을 다하여 헌금합니까?

하나님의 마음

하나님은 우리에게 예수 그리스도의 생명을 주셨습니다. 그리고 우리의 전부를 받기를 원하십니다. 당신이 하나님께 얼마나 전심으로 감사하는지 깊이 생각해보십시오.

오늘 받은 은혜

전체적으로 당신이 받은 은혜와 느낌을 기록해보십시오.

실천을 위한 도전 (기도하여 성령님의 인도하심을 받으십시오.)

오늘날 하나님께 드리는 제사는 교회에서만 이루어지는 것이 아니라 삶속에서 이웃에게도 이루어져야 합니다. 하나님을 찬양하듯이 이웃을 어떻게 사랑하겠습니까?

화목제 : 교제를 위하여

레위기 3:1~17

번제를 통해 속죄함을 받고 일상의 생활과 노동의 소제로 제사를 드린 후에 사람들은 함께 즐거운 평안을 위해 화목제(和睦祭)를 드렸습니다. 화목제는 하나님과 인간 사이의 화해와 성도 상호간의 교제를 위하여 드리는 제사입니다. 화목제는 짐승으로 제사를 드린 후에 백성들끼리 함께 나누어 먹는 제사입니다. 화목제는 평안제, 행복제라고도 할 수 있으며 기본적으로 감사제로서 자원하여 기쁜 마음으로 드리는 제사입니다. 화목제물은 짐승의 암컷이나 수컷의 구별을 두지 않습니다. 하나님과 인간, 인간과 인간 사이에 어떤 차별이나 구별을 두지 않으심을 뜻합니다.

기본적으로 화목제가 하나님과 사람, 사람과 사람 사이를 화목하게 함으로써 기쁨과 화해의 제사가 될 수 있는 것은 제사장들이 제물의 피를 제단 사방에 뿌리기 때문이라는 사실을 알아야 합니다. 모든 제사는 거룩하고 깨끗하게 만들기 위해서 드리는 것이기 때문입니다. 또한 내장의 기름은 먹지 말고 화제로서 불태웠는데 이것이 여호와께 향기로운 냄새라고 했습니다. 기름은 짐승 중에 값진 것인데 그것을 하나님께 드리는 것이므로 향기가 되는 것입니다. 나중에 또 나오지만 화목제는 제물을 함께 먹는 즐거운 식사로 끝나게 되어 있는데 그것은 백성들과 하나님과의 우호, 화목, 친교의 개념을 표현하는 것입니다.

본문 적용

우리는 그리스도 예수님께서 직접 제물이 되심으로써 우리 죄인들의 죄를 씻으시고 하나님과 화목하게 하시고 동시에 이웃과도 화목하게 하신 사실을 알기 때문에 그것이 이웃사랑으로 연결되는 것을 믿고 있습니다. 문제는 그 화목을 얼마나 누리는가에 있습니다. 하나님과 화목하고 이웃과 화목하게 된 것을 아는 것과 믿는 것과 누리는 것은 전혀 다른 이야기입니다. 이스라엘 백성들은 번제와 소제에 이어서 화목제를 통하여 하나님께 드려진 고기를 함께 나누어 먹었습니다. 제사장 몫은 따로 있었고 제물을 드리는 사람은 가난한 이웃들과도 함께 나누었습니다. 화목제를 드릴 때에는 잔치와도 같은 기쁨과 사랑과 평안을 즐겼을 것입니다. 오늘 우리는 영적인 기쁨을 이웃과 얼마나 나누며 누리고 있습니까? 영적인 화목제를 어떤 방식으로 누구와 누릴지를 생각하면서 읽으면 좋겠습니다.

❶ 하나님사랑과 이웃사랑

핵심구절 : "그 예물의 머리에 안수하고 회막 문에서 잡을 것이요 아론의 자손 제사장들은 그 피를 제단 사방에 뿌릴 것이며 그는 또 그 화목제의 제물 중에서 여호와께 화제를 드릴지니 곧 내장에 덮인 기름과 내장에 붙은 모든 기름과 두 콩팥과 그 위의 기름 곧 허리 쪽에 있는 것과 간에 덮인 꺼풀을 콩팥과 함께 떼어낼 것이요"(레 3:2~4)

화목제에는 세 가지가 있었는데 하나님께서 베풀어주신 은혜에 감사해서 드리는 감사제, 무엇인가 이루어지기를 원하거나 약속을 하면서 드리는 서원제, 아무 조건 없이 즐겁게 드리는 낙헌제가 그것입니다. 화목제의 특징 중의 하나는 하나님께 제사를 드린 후에 남겨진 고기를 먹을 수 있도록 했다는 점입니다. 기름과 콩팥 등은 화제로 드려져 여호와께 향기로운 냄새가 되도록 했었고, 나머지는 이웃과 함께 음식으로 나눔으로써 마치 잔치와 같은 제사를 드리도록 하셨습니다. 화목제는 의무로 드리는 제사가 아니라 어디까지나 자원하여 드리는 제사였습니다. 그러므로 더욱 하나님을 순수하게 사랑하고 그 은혜에 감사하며 친밀한 교제를 나누기 위해 화목제를 드렸었고, 또한 자원하여 나머지를 이웃들과 함께 나누기 위해 화목제를 드렸던 것입니다. 실로 화목제는 그 이름과 같이 하나님과 화목하고 이웃과도 화목하기 위해 자발적으로 드리는 제사입니다.

우리는 보통 하나님사랑과 이웃사랑을 깊이 연관시키지 못하는 경향이 있습니다. 그래서 교회에서는 열심히 충성하는데 일상생활에서는 그리스도인다운 삶을 소홀히 하는 성도들이 많습니다. 그러나 성경의 본래 의미는 이웃사랑이 곧 하나님사랑입니다. 하나님을 사랑한다면서 이웃을 사랑하지 못한다면 그것은 하나님사랑이 아닙니다. 반대로 이웃을 진심으로 사랑한다고 하는데 그리스도의 이름으로 하는 것이 아니라 자기 이름으로 모든 것을 행한다면 그것도 결코 하나님사랑이 되지 못합니다. 하나님사랑과 이웃사랑은 하나라는 사실을 깊이 인식하고 있어야 합니다. 화목제는 그런 의미에서 오늘날 그리스도인의 삶의 모습과 많이 닮아있습니다.

"누구든지 하나님을 사랑하노라 하고 그 형제를 미워하면 이는 거짓말하는 자니 보는 바 그 형제를 사랑하지 아니하는 자는 보지 못하는 바 하나님을 사랑할 수 없느니라"(요일 4:20)

적용하기 : 우리가 이웃을 사랑하는 것은 바로 하나님께 화목제를 드리는 것입니다. 그런 의미에서 당신은 일상의 삶에서 얼마나 자주 화목제를 드리고 있습니까?

❷ 비둘기 제물은?

핵심구절 : "사람이 만일 화목제의 제물을 예물로 드리되 소로 드리려면 수컷이나 암컷이나 흠 없는 것으로 여호와 앞에 드릴지니 … 만일 여호와께 예물로 드리는 화목제의 제물이 양이면 수컷이나 암컷이나 흠 없는 것으로 드릴지며 만일 그의 예물로 드리는 것이 어린 양이면 그것을 여호와 앞으로 끌어다가 … 만일 그의 예물이 염소면 그것을 여호와 앞으로 끌어다가"(레 3:1, 6~7, 12)

제사의 종류에 따라 다르겠지만 화목제에는 비둘기나 산비둘기 제물은 빠졌습니다. 곡식으로도 드릴 수 있는 것이 제물인데 왜 화목제에서는 비둘기가 빠졌을까요? 앞에서 백성들의 다양한 형편에 따라서 선택해서 제사를 드릴 수 있도록 하셨기 때문에 제물의 종류나 크기와 관계없이 우리의 마음을 받으신다고 했었는데, 그러면 화목제에는 그것이 적용이 안 되는 것일까요? 그것은 비둘기를 드릴 경우 크기가 너무 작아서 여럿이 나누어 먹기에는 부적절하기 때문이라고 합니다. 화목제물의 조건에는 맞지 않는다는 것이죠. 보통 비둘기를 제물로 드리는 사람들은 가난한 사람들입니다. 최선을 다해도 비둘기밖에는 드릴 수 없는 사람들인 것입니다. 하나님은 이럴 경우에도 그 사람의 마음을 보시고 크기를 가지고 평가하지는 않으십니다. 하지만 그렇다면 왜 화목제물은 드릴 수가 없는 것일까요? 의무적으로 드리는 다른 제사에 비둘기밖에는 못 드린다면 자원하여 드리는 화목제물에는 드릴 것이 더 없지 않겠습니까?

　이럴 때 어떻게 해야 한다고 성경에 기록된 것은 없는 것 같습니다. 다만 출애굽할 때 가족의 숫자가 적어서 어린양 한 마리를 다 먹지 못할 경우 이웃집과 함께 한 마리를 먹도록 한 기록(출 12:4)에서 미루어 생각해볼 때 화목제물도 다른 사람과 함께 드릴 수도 있지 않을까 하는 생각이 듭니다. 규례에는 없지만 비둘기라도 한 사람이 여러 마리를 드려서 가능하다면 좋지 않았을까 생각도 듭니다. (이건 전적으로 상상입니다.) 왜 이런 말을 하는가 하면 하나님사랑과 이웃사랑은 물질이 없어서 행하지 못하는 것은 아니라는 점을 이야기하고 싶기 때문입니다. 하나님께 진정으로 감사예물을 드리고 이웃과 함께 나누기를 원한다면 길은 반드시 있을 것이라는 말입니다. 우리의 이웃사랑은 드릴 짐승이 없을 때 진심으로 위로하고 함께 있어주는 것조차도 충분한 화목제물이 될 수 있다는 말입니다. 비둘기도 없으면 다른 방법이 틀림없이 있을 것입니다.

"또 마음을 다하고 지혜를 다하고 힘을 다하여 하나님을 사랑하는 것과 또 이웃을 자기 자신과 같이 사랑하는 것이 전체로 드리는 모든 번제물과 기타 제물보다 나으니이다"(막 12:33)

적용하기 : 당신은 누구를 돕고 싶어도 도울 만한 조건이 안 될 때가 있었습니까? 그럴 때 어떻게 했습니까? 또는 앞으로 그런 경우를 만난다면 어떻게 하겠습니까?

하나님의 마음

화목제는 사람이 자원하여 드리는 제사이지만 어디까지나 하나님께서 정해주신 제사법입니다. 헌금이나 헌물이나 봉사를 할 때 당신은 얼마나 화목제를 자주 드렸습니까?

오늘 받은 은혜

전체적으로 당신이 받은 은혜와 느낌을 기록해보십시오.

실천을 위한 도전 (기도하여 성령님의 인도하심을 받으십시오.)

가장 가까운 시일 안에 구약의 화목제와 같은 의도로 하나님께 예물을 드리거나 이웃을 대접하는 제사를 드려보십시오.

속죄제 : 회개의 제사

레위기 4:1~5:13

본문 개론

계명을 범했을 때 저지른 죄를 속하기 위한 제사가 속죄제(贖罪祭)입니다. 다른 제사는 마음먹기에 따라 제물을 결정할 수 있었지만 속죄제는 죄를 범한 사람의 사회적 신분에 따라 제물이 결정되었습니다. 제사장과 회중 전체를 위한 속죄제이면 수송아지, 족장이면 수염소, 일반 백성이면 암염소를 드렸습니다. 그리고 5장에서 저주에 대한 증인의 역할을 거부하거나 부정한 것에 닿았을 때, 함부로 맹세한 허물에 대해서는 어린 암양이나 염소를 드리는데 이 경우에는 형편에 따라 산비둘기 두 마리나 집비둘기 새끼 두 마리로 드리게 했고, 그것도 어려우면 고운 가루로 드리게 했습니다. 속죄제의 경우는 피를 뿌리는 방식이 화목제와 달랐는데, 제사장이나 회중전체의 속죄를 위해서는 성소 안 지성소 휘장 아래에 뿌리고 성소 안 향단 뿔에 바르고 나머지는 번제단 밑에 쏟도록 했습니다. 그러나 족장이나 일반 백성들의 경우에는 성막 안에 들어가지 않고 성막 뜰에 있는 번제단 뿔에 바르고 번제단 밑에 쏟도록 했습니다. 신분이 높을수록 죄책이 더 무겁기 때문일 것입니다.

본문 적용

쉽게 이야기하면 일반적인 범죄를 저질렀을 경우에 벌금을 물거나 일정기간 감옥에 갇히는 벌을 받는 것과 유사합니다. 물론 그렇게 한다고 해도 그 죄가 하나님 앞에서도 사라지는 것은 아닙니다. 그러나 속죄제는 짐승을 드려 제사를 지냄으로써 하나님 앞과 사람 앞에서 죄를 사함 받는 것입니다. 모든 율법이 다 그렇습니다. 율법에서 정해진 대로 제사를 드리거나 또는 형벌을 받는 것은 전부 하나님 앞에서 받는 것입니다. 그렇다고 잘못 알려진 것과 같이 하나님 앞에 회개했으니 해를 받은 사람 앞에는 사과할 필요가 없다고 하는 것은 여간 잘못된 것이 아닙니다. 율법에서도 엄연히 제사법과는 별도로 체형이나 벌금을 물게 하기 때문입니다. 다음 본문내용인 속건제로 나아가면 더욱 명확해집니다. 그리스도인은 하나님 앞에서 하는 것과 같이 사람 앞에서 하는 것입니다.

모든 제사가 그렇지만 속죄제는 하나님과 사람 사이를 가로막고 있는 죄를 사라지게 하기 위한 명령입니다. 번제를 통하여 원래 하나님과 사람 사이에 가려져있는 원죄를 씻어내고 속죄제를 통하여 율법을 어긴 다양한 자범죄를 회개하고 씻어내는 것과 비슷할 것입니다. 우리 그리스도인들도 육체를 입고 있기 때문에 미처 알지 못하는 사이에나 또는 알면서도 연약하여 죄를 범할 때가 자주 있습니다. 그럴 때 구약에서 마치 속죄제를 드리는 것처럼 자주 회개하는 시간을 가지는 것이 상당히 중요합니다. 죄는 그 죄 자체로만 존재하는 것이 아니라 그 죄로 인하여 다른 죄와 연결되기 때문입니다. 더 나아가 하나님과의 관계가 더욱 멀어지게 되기 때문입니다.

❶ 영향력에 따라

핵심구절 : "만일 기름 부음을 받은 제사장이 범죄하여 백성의 허물이 되었으면 그가 범한 죄로 말미암아 흠 없는 수송아지로 속죄제물을 삼아 여호와께 드릴지니 … 만일 이스라엘 온 회중이 여호와의 계명 중 하나라도 부지중에 범하여 허물이 있으나 스스로 깨닫지 못하다가 … 만일 족장이 그의 하나님 여호와의 계명 중 하나라도 부지중에 범하여 허물이 있었는데 … 만일 평민의 한 사람이 여호와의 계명 중 하나라도 부지중에 범하여 허물이 있었는데"(레 4:3, 13, 22, 27)

속죄제를 드릴 때 하나님은 여섯 가지 신분을 구분하여 제사를 지낼 것을 명령하셨습니다. 제사장과 온 회중과 족장, 평민들과, 같은 평민이라도 비둘기로 제사드릴 수밖에 없는 사람, 그리고 비둘기도 없어서 가루를 드리는 사람 등이었습니다. 제사장과 온 회중은 그 비중이 동일하기 때문에 똑같은 제사를 지내도록 하셨습니다. 제물의 종류를 구분하는 기준은 영향력이라고 할 수 있습니다. 일반적으로 공동체에서 차지하는 비중이 큰 사람은 영향력이 높을 것입니다. 대개 영향력이 큰 사람은 아마도 제물을 마음껏 드릴 수 있었던 것 같습니다. 아무튼 물질이 없어서 속죄제를 드리지 못하는 사람이 없도록 하나님께서 배려하신 것이었습니다.

이것을 오늘날로 대입하면 어떻게 되겠습니까? 대개 직분이 높은 사람일수록 영향력이 크고 교회에서 헌금도 많이 드릴 것입니다. 하지만 영향력을 그렇게만 평가한다면 오늘날의 교회에서는 많은 문제를 야기할 것 같습니다. 사회적 위치나 부의 소유에 따라 직분도 주어지고 대우도 받지만 그리스도의 몸인 교회에서조차도 그런 기준으로 평가된다면 속죄제를 통하여 그리스도를 예표하신 의도와도 전혀 맞지 않을 것입니다. 이미 속죄제의 모든 조건을 예수님께서 완전하게 성취하셨기 때문입니다. 우리는 무엇을 크게 소유해야 하겠습니까? 영적 영향력입니다. 가진 것으로 평가되는 것이 아니라 영적으로 얼마나 성장하여 사람들에게 영향을 끼칠 수 있는가 하는 것입니다. 곧 영적인 영향력이 그 사람을 결정합니다. 그것은 스스로 영적으로 얼마나 성장했는가에 따라 달라질 것입니다. 그 사람은 천국에서도 큰 사람입니다. 그 자체가 하늘의 영원한 상입니다.

"이르시되 진실로 너희에게 이르노니 너희가 돌이켜 어린아이들과 같이 되지 아니하면 결단코 천국에 들어가지 못하리라 그러므로 누구든지 이 어린아이와 같이 자기를 낮추는 사람이 천국에서 큰 자니라"(마 18:3~4)

적용하기 : 당신은 교회에나 세상에서 어떤 종류의 영향력을 끼치고 있습니까? 물질이나 나이나 직분이나 위치가 지배하는 영향력입니까, 아니면 영적, 인격적, 신앙적인 영향력입니까?

❷ 죄를 깨달을 때

핵심구절 : "만일 이스라엘 온 회중이 여호와의 계명 중 하나라도 부지중에 범하여 허물이 있으나 스스로 깨닫지 못하다가 그 범한 죄를 깨달으면 … 만일 족장이 그의 하나님 여호와의 계명 중 하나라도 부지중에 범하여 허물이 있었는데 그가 범한 죄를 누가 그에게 깨우쳐 주면 … 만일 평민의 한 사람이 여호와의 계명 중 하나라도 부지중에 범하여 허물이 있었는데 그가 범한 죄를 누가 그에게 깨우쳐 주면"(레 4:13~14, 22~23, 27~28)

속죄제의 중요한 본질 중의 하나는 죄인 줄 생각하지 못하고 지었다가 늦게 깨달은 죄입니다. 물론 분명하게 죄인 것을 알면서도 자기도 모르게 지은 경우가 더 많겠지만, 아무튼 속죄제의 기본은 모르고 지은 죄에 대해 속하는 제사입니다. 하기는 죄라는 헬라어 단어 자체가 과녁을 빗나간 죄, 곧 판단착오로 선악을 분별하지 못한 죄를 뜻하는 것입니다만, 일단 속죄제는 모르고 지은 죄에 대한 제사입니다. 모르고 지은 죄라고 해서 가벼운 것은 아닙니다. 다만 몰랐던 것을 깨닫고 회개했을 때 제사가 가능해지는 것입니다. 죄를 깨닫고 제사를 드리기로 결단했다는 데에는 벌써 회개가 들어있습니다. 물론 우리는 그리스도의 십자가 고난으로 인하여 모든 죄를 사함 받았습니다만, 그렇기 때문에 오히려 스스로의 허물을 자각하지 못하고 따라서 회개하지도 못하는 경우가 참으로 많습니다.

우리는 한번 거듭나고 구원받으면 취소되지 않는다는 인식을 가지고 있는 경우가 많습니다만, 그래서 오히려 죄를 회개하지 못하게 만드는 것일지도 모릅니다. 아무튼 우리는 비록 예수님의 피흘리심으로 인하여 우리의 모든 죄를 사함 받은 것은 사실이지만 그것은 스스로 죄를 인식하고 회개할 경우에 해당되는 것이 아닐까요? 물론 구약에서처럼 우리가 속죄제를 자주 드려야 하는 것은 아니지만, 우리는 수시로 영적 속죄제를 드려야 합니다. 작은 죄도 깨닫고 회개하는 그런 신앙이 필요합니다. 왜냐하면 구약에서나 오늘날에나 우리는 하나님과 친밀한 교제를 나누기 위해 하나님과 우리 사이에 끼어있는 죄들을 제거해야 하기 때문입니다.

"나의 죄악을 말갛게 씻으시며 나의 죄를 깨끗이 제하소서 무릇 나는 내 죄과를 아오니 내 죄가 항상 내 앞에 있나이다"(시 51:2~3)

적용하기 : 그리스도 안에서 자유를 누리는 것은 당연합니다. 그러나 그것을 위하여 허물을 수시로 씻어내야 합니다. 당신은 얼마나 영적 순결을 유지하고 있습니까?

❸ 침묵의 죄

핵심구절 : "만일 누구든지 저주하는 소리를 듣고서도 증인이 되어 그가 본 것이나 알고 있는 것을 알리지 아니하면 그는 자기의 죄를 져야 할 것이요 그 허물이 그에게로 돌아갈 것이며 … 만일 누구든지 입술로 맹세하여 악한 일이든지 선한 일이든지 하리라고 함부로 말하면 그 사람이 함부로 말하여 맹세한 것이 무엇이든지 그가 깨닫지 못하다가 그것을 깨닫게 되었을 때에는 그 중 하나에 그에게 허물이 있을 것이니"(레 5:1, 4)

속죄제에 해당되는 죄들 중에 침묵의 죄가 있다는 것은 놀라운 일입니다. 말을 안 한다고 죄가 된다는 것이 아니라 누군가를 저주하는 소리를 듣고 침묵해서는 안 되고 증인이 되어주어야 한다는 것입니다. 저주하는 죄를 지은 사람은 어떻게 될까요? 아마 그 죄를 깨닫는다면 속죄제를 드려야 할 것입니다. 아무튼 저주하는 소리를 듣고 침묵하고 증인이 되어주지 않는다면 저주의 죄가 그 사람에게 돌아가게 된다고 합니다. 제9계명은 거짓증거하지 말라는 것인데 거기에는 증언해야 할 것을 하지 않는 죄도 포함된다는 것입니다. 또 하나의 말과 관련된 죄는 함부로 말로 맹세하는 사람의 죄입니다. 보통 자기를 부풀리거나 방어하기 위해 맹세를 하게 되는데 이 경우에는 결코 지키지 못한 헛맹세를 말하는 것입니다.

이 죄들은 물론 단순히 입술로 죄를 짓는 모든 경우에 해당되는 것은 아니지만 오늘날 그리스도인들에게도 언어생활이 굉장히 엄격해야 함을 말하고 있습니다. 사실상 거의 모든 문제들은 말 때문에 생긴다고 보아도 무방할 것입니다. 어떤 사건이 생겼다고 하십시다. 그 사건으로 인하여 쌍방 간에 싸움이 되고 감정이 상하고 원수가 되어 갑니다. 그런데 많은 경우에 분쟁이 확산되는 직접적인 원인이 되는 것은 언어로 인한 것입니다. 어떤 사람은 그럴 때 말을 지혜롭게 잘 하여 격한 분위기를 피해가기도 합니다. 대개는 어떤 말 한 마디가 감정을 격화시키고 서로 언성을 높이고 감정이 극에 달하게 만듭니다. 신체에 위해를 가하는 폭력도 대개는 말 한 마디가 그렇게 만들기도 합니다. 우리는 하나님의 말씀을 생명으로 알고 믿고 의지하는 사람들입니다. 하나님은 말씀으로 세상을 창조하셨습니다. 그리스도인들에게는 많은 경우에 말 한 마디가 생명이 되어야 하는 사람들입니다. 예수님의 마음으로 가득 채워진 사람은 그 입에서 예수님의 위로와 격려와 치유와 또한 깨달음과 마음을 열어주는 말이 나와야 합니다. 그것이 우리의 사명 중의 하나입니다.

"내가 너희에게 이르노니 사람이 무슨 무익한 말을 하든지 심판 날에 이에 대하여 심문을 받으리니 네 말로 의롭다 함을 받고 네 말로 정죄함을 받으리라"(마 12:36~37)

적용하기 : 한 번 입에서 나온 말은 취소할 수가 없습니다. 혹시 말에 실수가 있었다면 어떻게 해야 속죄제가 될 수 있겠습니까?

하나님의 마음

속죄제를 통하여 하나님은 그리스도의 대속을 준비하셨습니다. 인간은 죄인이기 때문에 죄를 안 지을 수는 없습니다. 당신은 죄에 대해서 얼마나 마음을 열고 있습니까?

오늘 받은 은혜

전체적으로 당신이 받은 은혜와 느낌을 기록해보십시오.

실천을 위한 도전 (기도하여 성령님의 인도하심을 받으십시오.)

혹시 기도에 대해 하나님의 응답이 없는 이유가 당신의 허물 때문이 아닐까요? 하나님과의 관계에 가로막힌 것이 있다면 한 가지만 회개하고 돌이키십시오.

속건제 : 물건에 대한 제사

레위기 5:14~6:7

본문 개론

속죄제가 하나님의 계명을 어겼을 경우에 그것을 속함 받기 위해서 드리는 제사라면 속건제(贖愆祭)는 주로 하나님의 성물이나 인간 상호간에 죄를 지었을 때 속함 받기 위해 드리는 제사였습니다. 그래서 기본적으로 속건제는 손해를 입힌 사람이나 성물에 대해 그 피해액에 20%를 더하여 배상하고 나서 하나님께 드릴 수 있었습니다. 속건제는 속죄제와는 달리 언제나 개인적인 것이었습니다. 그래서 속건제는 다른 제사와는 달리 배상의 성격을 띠는 제사였습니다. 금령을 어겼을 경우에 속건제를 드리게 되어 있는데 이때에는 십계명의 5~10계명 곧 사람에 대한 계명을 어겼을 경우를 말하는 것입니다. 6장에는 속건제를 드려야 하는 죄를 설명했는데, 이웃의 물품을 맡았다가 부인하는 죄, 이웃의 담보물을 횡령하는 죄, 강도짓 하는 죄, 사기로 물품을 가로채는 죄, 물건을 주웠는데 부인하는 죄 등입니다. 레위기 6:7까지는 주로 제물을 드리는 자와 관련하여 제물의 종류와 특징을 설명한 내용입니다.

본문 구성

성물을 범한 자를 위한 속건제   (14~16)
율법을 어긴 자를 위한 속건제   (17~19)
속건제에 해당되는 죄들   (6:1~7)

본문 적용

속건제는 제2급의 속죄제라고 할 수 있는데 그것은 하나님의 권위나 사람의 권리침해와 같은 잘못 때문에 드리는 제사입니다. 성물을 잘못 취급하여 손실을 가했다면 그것은 하나님의 성물로서의 가치를 무시한 것이 됩니다. 그렇다고 오늘날 교회의 비품을 성물로 잘못 이해하면 안 됩니다. 물론 부주의하게 취급해도 된다는 말이 아니라 구약에서처럼 거룩하게 구별된 성전 물품은 아니라는 말입니다. 6장에 가면 속건제를 드려야 하는 경우가 이웃과의 관계 속에서 제시되는데 얼핏 하나님과 관계없는 것처럼 보입니다. 그러나 이웃에게 잘못한 것은 하나님께 잘못한 것입니다. 왜냐하면 그것은 죄이기 때문입니다. 죄는 전부 하나님과 관련되어 있습니다. 사람에게 잘못을 사과하는 것으로 지은 죄가 사라지는 것이 아니고, 그렇다고 하나님께 제사만 드리면 죄가 사라지는 것도 아니며, 그 죄와 관련된 사람에게 더 얹어서 배상해야 비로소 그 죄가 사라지는 것입니다. 하나님은 영원하고 완전한 천국은 아니지만 우리가 이 세상에서 천국을 이루어가기를 원하십니다. 속죄제는 반드시 필요하지만 속건제도 필수적입니다. 이 땅에서의 천국을 이루기 위해서 사람과의 사이에 지은 죄도 모두 해결해야 하기 때문입니다.

❶ 물건이 고발한다.

핵심구절 : "누구든지 여호와의 성물에 대하여 부지중에 범죄하였으면 여호와께 속건제를 드리되 네가 지정한 가치를 따라 성소의 세겔로 몇 세겔 은에 상당한 흠 없는 숫양을 양 떼 중에서 끌어다가 속건제로 드려서 … 누구든지 여호와께 신실하지 못하여 범죄하되 곧 이웃이 맡긴 물건이나 전당물을 속이거나 도둑질하거나 착취하고도 사실을 부인하거나 남의 잃은 물건을 줍고도 사실을 부인하여 거짓 맹세하는 등 사람이 이 모든 일 중의 하나라도 행하여 범죄하면"(레 5:15, 6:2~3)

속건제와 속죄제는 죄의 대상과 종류에 따라 구분될 뿐, 사실상 같은 제사라고 할 수 있습니다. 다만 속건제는 특별히 어떤 물건과 관련되는 경우에 필수적으로 드려야 하는 제사인데, 말하자면 그 물건을 중심으로 소유권에 대한 다툼 등 죄가 발생했을 때 하나님께 제사를 드리는 것입니다. 사람 사이에 물건으로 인하여 일어난 다툼이 사실은 사람 앞에서뿐만 아니라 하나님 앞에서 죄를 지은 것이라는 말입니다. 마치 벌금과 원금과 손해배상금 등 형사와 민사 소송으로 가는 것과 같은 이치라고 할 수 있습니다. 만약에 오늘날 상품에 바코드 등으로 식별이 가능하게 만든 것처럼 물건에 감각이 있거나 인격이 조금이라도 있다면 그 물건이 하나님께 고발하는 것을 상상해볼 수 있겠습니다.

물론 물건이 스스로 고발하지는 않습니다. 그러나 그 물건에는 눈이 달려있다는 것을 알아야 합니다. 무슨 눈 말인가요? 하나님께서 눈으로 다 살피고 계십니다. 물건뿐만이 아닙니다. 사람에게 대한 말, 혼자 중얼거림, 하나님께 드린 불평이나 원망, 거짓 맹세나 증언, 속임수 등 모든 것을 하나님은 기억하십니다. 반면에 똑같은 물건이라도 주인을 찾아주었다거나 누군가에게 나누어 준일, 아무 대가 없이 선물한 일 등도 다 알고 계십니다. 언어로 누군가를 세워주고 위로하며 격려하거나 하나님을 찬양하고 감사하는 일 등도 하나님은 다 보고 계십니다. 무형의 돈에도 눈이 달려 있습니다. 물건이나 돈이 하나님 앞에 우리를 고발합니다.

"세세토록 살아 계신 이 곧 하늘과 그 가운데에 있는 물건이며 땅과 그 가운데에 있는 물건이며 바다와 그 가운데에 있는 물건을 창조하신 이를 가리켜 맹세하여 이르되 지체하지 아니하리니"(계 10:6)

적용하기 : 당신은 어떤 물건, 집, 교회건물 등에 대한 욕심을 가져본 적이 있습니까? 그것이 속건제를 드려야 한 조건이 됨을 알고 있었습니까?

❷ 사람이 하나님이다.

핵심구절 : "그 거짓 맹세한 모든 물건을 돌려보내되 곧 그 본래 물건에 오분의 일을 더하여 돌려보낼 것이니 그 죄가 드러나는 날에 그 임자에게 줄 것이요 그는 또 그 속건제물을 여호와께 가져갈지니 곧 네가 지정한 가치대로 양 떼 중 흠 없는 숫양을 속건제물을 위하여 제사장에게로 끌고 갈 것이요 제사장은 여호와 앞에서 그를 위하여 속죄한즉 그는 무슨 허물이든지 사함을 받으리라" (레 6:5~7)

인간관계는 많은 부분이 소유와 관련이 깊습니다. 물건뿐만이 아니라 지배욕구도 사람을 소유하려는 욕심에서 출발합니다. 누군가를 독차지하려는 욕구가 질투나 시기심으로 나타납니다. 더 많은 사람을 모아서 그들에게 영향력을 끼치려고 하는 것도 사람을 소유하려는 것입니다. 그런 것을 떠나서 물건과 관련한 죄는 직접적인 소유 때문에 일어난 일입니다만, 그렇게 본다면 사람과의 관계에서 일어나는 모든 죄에는 물건이나 사람의 소유와 관계되어 있다고 할 수 있습니다. 그러니까 하나님을 믿지 않는 죄 이외의 모든 죄는 전부 사람과의 관계에서 발생하는 것입니다. 그리고 그런 죄를 지었을 때 하나님은 반드시 속죄제나 속건제로 죄를 사함 받을 것을 요구하십니다. 마치 사람이 하나님인 것 같습니다. 왜냐하면 사람에게 지은 죄를 하나님께 사함 받아야 하기 때문입니다. 반면에 하나님의 마음으로 사람에게 잘 하면 하나님으로부터 상을 받습니다.

예수님께서 십자가에 못 박히셔서 고통당하시고 피 흘려 죽으신 것은 무엇 때문입니까? 사람의 죄 때문입니다. 사람의 죄는 하나님께 대한 죄와 사람에게 대한 죄가 있습니다. 물론 사람에 대한 죄는 하나님께 대한 죄로부터 파생된 죄입니다. 그러니까 사람에 대한 죄도 전부 하나님께 대한 죄인 것입니다. 그래서 사람이 곧 하나님이라는 것입니다. 사람을 하나님처럼 받들면 명백한 우상숭배이지만, 예수님께서 우리를 사랑하시고 희생하신 것과 같은 마음으로 사람들을 하나님처럼 사랑한다면 아무 죄도 발생하지 않을 뿐만 아니라 하나님께서 너무나도 기뻐하십니다. 그곳이 바로 천국이기 때문입니다. 이웃을 자기 자신과 같이 사랑하라고 하신 큰 계명과 일치합니다. 이런 모든 것이 가능한 것은 예수님께서 우리 대신 속죄제와 속건제의 제물이 되셔서 제사를 드려주셨기 때문입니다. 사람이 곧 하나님이라는 시각으로 세상을 볼 수 있어야 하겠습니다.

> "너희가 만일 성경에 기록된 대로 네 이웃 사랑하기를 네 몸과 같이 하라 하신 최고의 법을 지키면 잘하는 것이거니와 만일 너희가 사람을 차별하여 대하면 죄를 짓는 것이니 율법이 너희를 범법자로 정죄하리라" (약 2:8~9)

적용하기 : 하나님의 율법은 오늘날에도 여전히 유효합니다. 지금까지 사람을 어떻게 보고 있는지를 생각해보고 앞으로의 방향성을 이야기해 보십시오.

하나님의 마음

하나님은 백성들과의 관계에 아무런 거리낌이 없도록 제사를 드리게 하셨습니다. 이 제사와 같은 기능을 무엇으로 충족시키고 있습니까? 예배를 통하여 영적 제사를 드립니까?

오늘 받은 은혜

전체적으로 당신이 받은 은혜와 느낌을 기록해보십시오.

실천을 위한 도전 (기도하여 성령님의 인도하심을 받으십시오.)

하나님께서 속죄제와 속건제를 통하여 더욱 투명한 관계를 요구하십니다. 당신이 영적 속건제를 통하여 사함 받아야 할 것을 한 가지 이상 기록해 보십시오.

번제, 소제, 속죄제의 제사장

레위기 6:8~30

본문 개론

제사를 집전하는 제사장들에게 공통적으로 명하신 부분이 있습니다. 그것은 하나님의 거룩한 일을 책임지는 제사장들에게 반드시 필요한 거룩입니다. 본장에서는 번제와 소제와 속죄제를 드릴 때의 제사장의 직무에 대해서 설명하고 다음 장에서 속건제와 화목제와 관련하여 설명합니다. 제사장은 일단 거룩한 의복을 갈아입어야 했고 번제단의 불을 항상 피워야 했는데 이 일은 안식일에도 계속되어야만 했습니다. 날마다 두 번의 번제를 드리기 위해 제단의 불이 계속해서 타올라야 하기 때문입니다. 하나님은 제사장들의 생계를 위하여 제물 가운데 몫을 주셨으며 허락하신 제물을 회막 뜰에서만 먹도록 했습니다. 다만 성막을 정결하게 하기 위해 드려진 제물은 먹을 수 없었습니다. 소제에서도 제사장의 몫이 인정되었는데 제사장이 직접 자기의 소제를 드릴 때에는 전체를 불살라야 했습니다. 모든 명령은 하나님께 드리는 거룩한 제사를 최대한 거룩하게 드리기 위한 지시였습니다.

본문 적용

레위기의 제사의식은 사람이 살아계신 하나님을 섬기는 일을 맡는다는 것은 굉장한 일이며 엄격한 책임이 부여되어야만 하는 문제라는 사실을 명백하게 보여주고 있습니다. 제사장 위임의 시작으로 하나님께 거룩한 관계가 성립되고 자신들의 생각이 아니라 하나님께서 명하신 방법대로 하나님의 뜻을 성취해야만 합니다. 영적인 제사장들인 신약의 그리스도인들에게 있어서도 똑같은 원리가 적용됩니다. 그리스도인은 거룩을 이루어내기 위해 개인의 삶에서 그리스도의 성품이 아닌 것을 제거하며 은혜 안에서 그리스도의 분량에까지 성장해가야 하는 것입니다. 그것을 위해서 성령님의 내주하심과 충만하심이 이루어져야 합니다. 하나님의 거룩한 제사를 집전하는 제사장들은 누구보다도 그 거룩을 지켜야만 했습니다. 구약에서 제사장들의 경우는 일반 백성들과는 상당한 차이가 있었지만 오늘날 신약시대에는 모든 그리스도인들이 전부 제사장으로서의 의식을 가지고 살아야 합니다. 먼 과거의 옛날 이야기로만 알거나 거기에서 교훈과 의미를 찾는 데에서 더 나아가서 그 삶을 우리의 현실 속에서 어떻게 실천할 것인가를 고민하면서 읽어야 하겠습니다.

❶ 불을 꺼뜨리지 말라.

핵심구절 : "아론과 그의 자손에게 명령하여 이르라 번제의 규례는 이러하니라 번제물은 아침까지 제단 위에 있는 석쇠 위에 두고 제단의 불이 그 위에서 꺼지지 않게 할 것이요 … 제단 위의 불은 항상 피워 꺼지지 않게 할지니 제사장은 아침마다 나무를 그 위에서 태우고 번제물을 그 위에 벌여 놓고 화목제의 기름을 그 위에서 불사르며 불은 끊임이 없이 제단 위에 피워 꺼지지 않게 할지니라"(레 6:9, 12~13)

제단에는 상번제(常燔祭)라고 하여 일상적으로 매일 아침과 저녁 두 번 번제를 드리도록 되어 있습니다. 저녁에 제물을 올려놓고 밤새도록 태워지고 아침에 번제물을 올려놓고 저녁까지 태워져야 합니다. 그러니까 정상적으로 일상이 이어지는 한, 불이 꺼질 수가 없었습니다. 마치 우리나라에서 시집 온 며느리에게 주어지는 가장 중요한 역할이 불씨를 계속 유지하는 일이었던 것과 같습니다. 한 번 불이 꺼지면 다시 살리기 위해 애를 써야 했던 시절의 이야기입니다만, 제단의 불은 그런 의미보다는 항상 하나님의 동행이 이어지게 해야 한다는 실제적인 의미가 있습니다. 단지 불을 꺼뜨리지 말라는 것과 함께 매일같이 번제물이 드려져야 했으니까요. 다른 제사가 있을 때에는 이 상번제물 위에서 제사가 행해졌다고 합니다.

이것은 오늘날 성령님의 임재를 뜻합니다. 그와 함께 하나님과의 동행을 뜻하는 것이지만 단지 성령님의 임재를 넘어서서 성령님의 감동과 지시에 순종해야 한다는 의미도 덧붙여져야 할 것입니다. 그것은 헌신을 뜻하는 것이지만 한 사람이 시종일관 헌신에만 목을 매기는 어렵습니다. 하나님은 백성들이 그렇게 숨 막히는 삶을 살기를 원하지 않으십니다. 그러나 제단의 불을 꺼뜨리지 않기 위해 애를 쓰는 것처럼 한 방향과 목표를 바라보고 살아야 하는 것은 사실입니다. 또한 제단의 불이 끊임없이 제물을 불태우는 것처럼 성령님께서 그 뜻대로 우리를 사용하시기 위해서는 항상 하나님의 말씀에 열려있어서 언제라도 그 뜻을 따를 수 있도록 해야 합니다. 또한 늘 기도를 쉬지 말고 하나님과 교제해야 합니다. 우리 심령에 성령의 불꽃과 지속적으로 공급되어야 하는 나무와 아침저녁으로 올리어지는 제물처럼 우리가 살아있어야 합니다.

"그러므로 내 사랑하는 형제들아 견실하며 흔들리지 말고 항상 주의 일에 더욱 힘쓰는 자들이 되라 이는 너희 수고가 주 안에서 헛되지 않은 줄 앎이라"(고전 15:58)

적용하기 : 당신의 심령의 불은 언제나 타오르고 있습니까? 세속의 자랑이나 욕심이나 비전이나 공로의 바람이 얼마나 자주 불어옵니까? 당신은 어떻게 그런 바람들을 막고 있습니까?

❷ 세속과 거룩

핵심구절 : "그 나머지는 아론과 그의 자손이 먹되 누룩을 넣지 말고 거룩한 곳 회막 뜰에서 먹을지니라 … 죄를 위하여 제사 드리는 제사장이 그것을 먹되 곧 회막 뜰 거룩한 곳에서 먹을 것이며 그 고기에 접촉하는 모든 자는 거룩할 것이며 그 피가 어떤 옷에든지 묻었으면 묻은 그것을 거룩한 곳에서 빨 것이요

그 고기를 토기에 삶았으면 그 그릇을 깨뜨릴 것이요 유기에 삶았으면 그 그릇을 닦고 물에 씻을 것이며"(레 6:16, 26~28)

본문에는 '거룩'이라는 용어가 많이 나옵니다. 제사장은 소제의 남은 음식을 거룩한 회막 뜰에서 먹어야 합니다. 그 음식은 거룩하므로 아론의 가족들 중 남자만 먹을 수 있고 그것을 만지는 자마다 거룩해집니다. 속죄의 제물도 거룩한 회막 뜰에서 먹어야 하고 고기에 접촉한 사람들도 거룩해지고 옷에 거룩한 피가 튀어도 거룩한 곳에서 빨아야 하고 그 고기를 토기에 삶았으면 그 토기는 나중에 깨뜨려야 하고 유기(놋그릇)에 삶았으면 닦고 물에 씻어야 한다고 했습니다. 회막 안과 뜰은 무조건 거룩한 곳입니다. 제사에 사용되는 기구와 의복과 고기와 피가 거룩해진 것이고, 번제의 재를 버릴 때에도 재가 거룩하므로 제사장은 세마포 긴 옷 안에 속바지로 하체를 가려야 하고, 그 재를 진영 바깥으로 버려야 할 때에는 다른 옷으로 갈아입고 진영 바깥으로 나가서 거룩한 곳에 버려야 합니다.

이것을 어떻게 설명할 수 있을까요? 소든 양이든 똑같은 고기이고 소제의 제물도 똑같은 곡식가루일 뿐입니다. 제물의 피가 튀었어도 다른 피와 똑같습니다. 예를 들어 똑같이 아침식사를 한다고 생각해보십시오. 그 식사가 그 사람의 하루의 에너지를 공급함으로써 육체적으로 활동하는 데 필수적인 영양소를 제공합니다. 그런데 만약에 그 사람이 음식을 먹고 나가서 도둑질을 한다고 생각해보십시오. 반면에 또 다른 사람은 음식을 먹고 교회에 가서 예배에 최선을 다한다고 생각해 보십시오. 똑같이 음식을 먹지만 도둑질하는 사람과 예배드리는 사람 사이에는 엄청난 차이가 있습니다. 오늘날에는 그래서 우리가 사는 모든 삶의 터전이 거룩한 곳이어야 합니다. 우리의 생활을 거룩하게 만들어야 합니다.

"그런즉 너희가 먹든지 마시든지 무엇을 하든지 다 하나님의 영광을 위하여 하라"(고전 10:31)

적용하기 : 그리스도인의 삶의 원리는 '예수님의 마음으로'입니다. 언어와 행동의 출발점이 예수님의 마음이어야 합니다. 당신의 마음은 얼마나 예수님의 마음으로 채워져 있습니까?

하나님의 마음

하나님은 우리에게 구약의 제사장과 같은 기능을 부어하셨습니다. 믿지 않는 세상 사람들은 하나님께 마치 제물과도 같습니다. 매일 드리는 상번제에 제물을 드리고 있습니까?

오늘 받은 은혜

전체적으로 당신이 받은 은혜와 느낌을 기록해보십시오.

실천을 위한 도전 (기도하여 성령님의 인도하심을 받으십시오.)

우리 그리스도인들은 하나님과 사람 사이에서 제사장의 역할을 해야 합니다. 영적 제사장으로서 당신에게 부족하다고 느끼는 것을 한 가지 실천하기 바랍니다.

본문 개론

본장은 레위기의 처음부터 명령하신 5대 제사의 종류와 제물의 종류 및 제사의 방법 등을 마무리하는 내용으로 되어 있습니다. 앞 장에서 번제와 소제와 제사장 위임식 규례와 속죄제에 대한 제사장의 직무를 설명하고 나서 본장에서는 속건제와 화목제와 제사장의 소득과 금지사항에 대한 명령을 기록했습니다. 하지만 다른 측면에서 보자면 제물을 전부 불태우는 번제 이외에는 모두가 제사장의 분깃 곧 제사장의 소득에 관한 기록이라고 볼 수 있습니다. 제사장의 몫은 속건제의 경우에는 기름과 콩팥을 제외한 나머지 부분이 주어졌으며, 번제에 있어서는 단지 가죽뿐이었고, 소제에서는 번제단 위에 불살라버린 나머지 부분이었습니다. 이처럼 제물은 하나님께 온전히 드려져야 하는 부분과 제사장의 몫을 엄격히 구분함으로써 성물 때문에 백성들 사이가 불편해지지 않도록 했습니다. 하나님의 일은 목적과 방법과 결과가 모두 은혜로워야 하는 것입니다.

본문 구성

본문 적용

화목제물의 경우에 요제와 거제의 형식으로 제사장의 몫으로 삼는다고 했는데, 요제는 제물의 가슴 부분을 앞뒤로 흔들어 드리고 제사장의 몫으로 삼는 것이고 거제는 오른쪽 뒷다리를 위로 쳐들어 드리고 제사장의 몫으로 삼는 방식입니다. 요제는 몸을 사방으로 돌려가면서 흔들어 모든 것이 하나님의 것임을 선포하고 모든 사람들이 다 볼 수 있도록 드리면서 제물을 하나님께 드렸다가 다시 받는 것을 의미하고, 거제는 위로 쳐들어 올렸다가 받는 것이므로 하늘에 계신 하나님께 바친다는 의미가 있습니다. 어느 경우에나 자기 명예나 자랑이나 아무튼 이웃에게 보이려고 해서는 온전한 제물이 될 수 없습니다.

본장을 비롯하여 레위기를 읽을 때에는 제사장의 입장에 충분히 서보아야 할 것입니다. 곧 우리 자신이 바로 아론과 아들 제사장들처럼 주인공이 되어서 읽어야 한다는 것입니다. 제사장은 하나님과 이스라엘 백성들 사이의 중보자와 같은 기능을 담당합니다. 오늘날에는 그리스도로 말미암아 보이는 제사는 폐해졌으나 우리는 여전히 보이지 않는 영적 제사를 하나님과 이웃 백성들 사이에서 드려야 하는 것입니다. 물론 우리 자신을 위한 영적 제사도 드려야 하지만 실제 삶 속에서는 예배의 형식이 아니라 삶의 형식으로 제사를 드리는 것입니다. 우리는 영적 제사장들입니다.

❶ 사느냐? 죽느냐?

핵심구절 : "만일 그 화목제물의 고기를 셋째 날에 조금이라도 먹으면 그 제사는 기쁘게 받아들여지지 않을 것이라 드린 자에게도 예물답게 되지 못하고 도리어 가증한 것이 될 것이며 그것을 먹는 자는 그 죄를 짊어지리라 … 만일 몸이 부정한 자가 여호와께 속한 화목제물의 고기를 먹으면 그 사람은 자기 백성 중에서 끊어질 것이요 만일 누구든지 부정한 것 곧 사람의 부정이나 부정한 짐승이나 부정하고 가증한 무슨 물건을 만지고 여호와께 속한 화목제물의 고기를 먹으면 그 사람도 자기 백성 중에서 끊어지리라"(레 7:18, 20~21)

레위기 7장은 주로 모든 제사에서 제사장의 몫으로 남겨질 것들에 대한 규례를 말하고 있습니다. 알다시피 제사장 그룹인 레위인들은 회막에서 봉사하며 백성들의 죄를 담당하게 하시고 그들에게 남겨진 유업이나 분깃이 없습니다(민 18:23). 레위인들은 오로지 하나님께 봉사하는 일에 전념하게 하시기 위함이었습니다. 기타 백성들이 십일조를 레위인들에게 주게 되어 있는데, 본장에서는 제사 때에 남겨져야 할 몫에 대해서 다루고 있는 것입니다. 각 제사마다 레위인들의 몫은 항상 준비되어 있습니다. 속건제에 있어서는 기름과 콩팥을 제외한 나머지 부분을, 소제에서는 제단 위에 불사르는 나머지 부분을, 화목제에서는 요제로 드려지는 가슴 부분과 거제로 드려지는 우측 뒷다리 부분이 주어지게 되어 있었습니다.

그런데 화목제물 중에서 감사의 제물은 바로 그날에 먹어야 하고 서원이나 자원한 것이면 이튿날까지 먹을 수 있었습니다. 하루라도 지나면 절대 먹으면 안 된다고 하셨습니다. 제사장들에게 주어지는 제물에 대해서는 너무나도 엄격하게 하십니다. 이것을 범하면 결국 죽게 될 것이라고 하신 것입니다. 레위인들을 위해서 남겨주신 것인데 왜 이렇게 엄격하게 금하신 것일까요? 이것은 단지 레위인들만을 위해서 금하신 것이 아니라 모든 백성들에게 주시는 말씀이라는 사실을 알아야 합니다. 하나님과의 관계가 살아있으면 우리는 계속 생명 가운데 거할 것이지만, 하나님의 말씀과 관계없이 자기 마음대로 모든 것을 하면 하나님과 관계가 멀어지고 결국 끊어질 것이라는 말씀입니다. 작고 사소한 것으로도 하나님을 기쁘시게 할 수 있지만, 반면에 작고 사소한 것 때문에 하나님의 진노를 살 수 있습니다.

"지극히 작은 것에 충성된 자는 큰 것에도 충성되고 지극히 작은 것에 불의한 자는 큰 것에도 불의하니라"(눅 16:10)

적용하기 : 어떤 일을 한 것 자체가 문제가 아니라 어떤 의도와 마음가짐으로 했느냐가 훨씬 중요합니다. 신앙생활에서 마음이 빠진 채 열심을 냈던 경험이 있습니까?

❷ 영원히 받을 소득

핵심구절 : "내가 이스라엘 자손의 화목제물 중에서 그 흔든 가슴과 든 뒷다리를 가져다가 제사장 아론과 그의 자손에게 주었나니 이는 이스라엘 자손에게서 받을 영원한 소득이니라 이는 여호와의 화제물 중에서 아론에게 돌릴 것과 그의 아들들에게 돌릴 것이니 그들을 세워 여호와의 제사장의 직분을 행하게 한 날 곧 그들에게 기름 부은 날에 여호와께서 명령하사 이스라엘 자손 중에서 그들에게 돌리게 하신 것이라 대대로 영원히 받을 소득이니라"(레 7:34~36)

하나님은 레위인들과 제사장들과 가족들에게 특별대우를 하시는 것 같습니다. 제사를 지낼 때 거기에서 따로 정하여 제사장들의 몫으로 남겨두라고 하십니다. 추수를 하면 거기에서 십일조를 남겨서 레위인들에게 주라고 하십니다. 첫 곡식과 포도주와 기름과 양털을 주라고 하십니다(신 18:4). 이렇게 하시는 이유는 오직 하나님의 일을 전담하게 하시기 위함입니다. 그래서 그들에게는 분배된 땅도 없고 생계를 위해서 다른 일을 할 수도 없습니다. 그들의 기업은 하나님이십니다. 이것을 특별대우라고 하면 그렇게 보일 수도 있습니다만, 레위를 향하여 그들의 칼이 폭력의 도구라고 했던 야곱의 유언처럼(창 49:5) 특별히 그런 레위를 하나님의 제사장으로 만들었던 것을 생각한다면 오히려 구속이라고 할 수 있습니다. 어쨌든 하나님은 레위인들에게 주신 양식을 영원히 받을 소득이라고 하셨습니다.

유대가 망하고 포로가 되어 뿔뿔이 흩어졌다가 느헤미야가 유대로 돌아왔을 때 레위 사람들이 밭에서 일을 하고 있는 것을 발견하였는데 그 이유가 레위 사람들이 받을 몫을 주지 않아서라는 것이었습니다(느 13:10). 레위인들에게 주어진 것을 충실하게 제공해야 하는 이유입니다. 오늘날 우리가 레위인이라는 사실을 알아야 합니다. 신분적으로가 아니라 영적, 기능적으로 그렇습니다. 우리가 불신자들에게 레위인입니다. 그들이 우리에게 정해진 몫을 주는 것은 아닙니다. 그러나 우리의 몫은 하나님입니다. 우리가 하나님을 믿고 예수님의 제자로 살아간다면 하나님은 모든 것을 책임져주십니다. 그렇지 않으면 우리는 스스로를 거룩하게 지킬 수가 없습니다. 이 규례는 영원하다고 했습니다. 그렇습니다. 오늘날 이스라엘에서는 종교인들에게 국가에서 생활비를 지급하고 있습니다만, 그런 의미가 아니라 우리들에게 영적으로 영원히 성취된 것입니다.

"또 제자들에게 이르시되 그러므로 내가 너희에게 이르노니 너희 목숨을 위하여 무엇을 먹을까 몸을 위하여 무엇을 입을까 염려하지 말라 목숨이 음식보다 중하고 몸이 의복보다 중하니라"(눅 12:22~23)

적용하기 : 하나님을 온전하게 따르면 하나님은 우리의 기도를 들으시고 모든 것을 책임져 주십니다. 목숨까지도 영원한 생명으로 바꾸어주십니다. 당신에게 가장 불안한 일은 무엇입니까?

하나님의 마음

하나님은 하나님을 믿고 모든 것을 맡기기를 원하십니다. 당신은 삶을 얼마나 하나님께 맡기고 있습니까?

오늘 받은 은혜

전체적으로 당신이 받은 은혜와 느낌을 기록해보십시오.

실천을 위한 도전 (기도하여 성령님의 인도하심을 받으십시오.)

여전히 하나님께 맡기지 못하고 자기 생각이나 욕심대로 움직이려는 것이 우리들입니다. 여태까지 맡기지 못했던 것들 중에서 한 가지만 하나님께 맡겨보십시오.

아론과 아들들의 제사장 위임식

레위기 8:1~36

본문 개론

7장까지 제사제도에 대한 모든 명령들이 종결되고 그 제사를 실질적으로 집전할 제사장을 세우는 장면이 나옵니다. 특히 본장은 아론과 그의 아들들이 하나님과 선민 이스라엘의 중재자로서의 제사장의 직임을 공식적으로 공표하는 내용입니다. 이 제사장 위임식은 이미 하나님께서 명령을 내리신 바 있습니다. 다만 제사제도가 완전히 확립되기까지는 제사장의 직무를 행할 필요가 없었기 때문에 이제 성막이 건립되고 제사제도가 완비된 후에 비로소 위임식이 거행되는 것이었습니다. 위임식의 제사는 기존의 다섯 가지 제사, 곧 번제, 소제, 화목제, 속죄제, 속건제의 모든 제사와 드려지는 모든 방법 곧 화제, 요제, 거제, 전제(포도주를 부어드리는 제사)의 방식을 모두 행함으로써 하나님의 제사장 위임이라는 특별한 목적을 모든 백성들이 다 지켜보는 가운데 성대하게 진행하시는 것이었습니다.

이 위임식의 절차를 간략하게 설명하자면, 우선 제사장이 될 사람들을 물로 깨끗하게 씻기고, 제사장 복장을 입히고 관유를 머리에 부어 바르며, 그들을 위한 화목제를 드리고 나서, 관유에 희생 제물의 피를 섞어 그것으로 아론과 아들들의 몸과 옷에 뿌리며, 마지막으로 제물의 고기를 회막 뜰에서 삶아서 소제물과 함께 위임 받은 제사장들이 먹는 것으로 마치게 되어 있습니다. 이러한 위임 식 절차를 7일 동안 매일 반복해서 시행해야 했습니다.

본문 구성

위임식을 준비하고 회중을 모으다.	(1~4)
의복을 입히고 관유를 바른다.	(5~13)
아론과 아들들을 위해 속죄제를 드리다.	(14~17)
번제를 드리다.	(18~21)
화목제를 드리다.	(22~29)
나머지 정리 예식을 행하다.	(30~32)
7일 동안 회막에 머물러 매일 반복하라.	(33~36)

본문 적용

부분적이지만 본장의 내용 전체를 포괄할 수 있는 몇 가지를 이 야기하자면, 에봇에 열두 지파를 상징하는 보석을 물린 판결흉패 를 두고 그 안에 우림과 둠밈이 들어 있다는 것은 제사장이 제사 드리는 일뿐만 아니라 하나님의 뜻을 백성들에게 전달하는 일도 했다는 뜻입니다. 우리도 그렇습니다. 이웃이 하나님의 복음을 이 해하도록 말하고 행동해야 합니다. 위임식의 기본은 제사장의 머 리에 기름을 붓는 것입니다. 그것은 하나님의 일에 헌신하는 것과 하나님을 섬기는 일을 위임하셨다는 의미입니다. 우리도 그렇습니 다. 우리는 성령님이 우리 속에 하나님의 일과 사람들을 섬기는 일 에 헌신하도록 힘과 능력을 주셨습니다. 또 제사장 위임을 위한 화목제물인 수양의 피는 제단에 뿌려지기 전에 제사장들의 신체 중 오른쪽 귓부리와 오른쪽 엄지손가락과 오른쪽 엄지발가락 등 세 곳에 바르도록 했습니다. 이것은 몸 전체를 대표하는 신체의 맨 끝 부분들입니다. 그 의미는 듣는 것과 섬기는 것과 움직이는 것 모두를 성별한다는 의미입니다. 오늘 우리에게 주시는 적용과 실천의 중요한 부분으로 생각하고 읽으면 좋겠습니다.

❶ 제사장 위임식 제사

핵심구절 : "모세가 또 속죄제의 수송아지를 끌어오니 아론과 그의 아들들이 그 속죄제의 수송아지 머리에 안수하매 … 또 번제의 숫양을 드릴새 아론과 그의 아들들이 그 숫양의 머리에 안수하매 … 또 다른 숫양 곧 위임식의 숫양을 드릴새 아론과 그의 아들들이 그 숫양의 머리에 안수하매"(레 8:14, 18, 22)

인류 최초의 제사장 위임식 광경입니다. 오늘날 같으면 전 세계에서 생중계방송을 진행했을 것입니다. 마치 그와 같이 이스라엘 백성들이 회막 문에 모였습니다. 제사장 위임식에는 여러 종류의 제사가 드려집니다. 온 백성들의 죄를 속하기 위한 속죄제가 드려지고, 완전히 태워지는 헌신의 의미하는 번제가 드려지며, 하나님과 백성들의 화목을 뜻하는 감사의 화목제가 드려집니다. 이것을 위하여 수송아지 한 마리와 숫양 두 마리와 무교병과 무교전병이 필요합니다. 제사장의 위임식이지만 제사장만 거룩해지는 것이 아니라 백성들까지 함께 거룩해지지 않으면 그 의미가 축소될 수밖에 없기 때문입니다. 마치 마음과 뜻과 힘을 다해 하나님을 사랑하는 것과 함께 원수를 갚지 말며 동포를 원망하지 말며 네 이웃 사랑하기를 네 자신과 같이 사랑하라는 하나님의 명령(레 19:18)이 녹아 있는 것과 같은 위임식입니다.

우리 모든 그리스도인들도 전부 다 하나님과 사람들 사이에 서 있는 영적 제사장들입니다. 우리도 하나님 앞에서 거룩하며 사람들 앞에서도 거룩해야 합니다. 우리가 예수 그리스도를 따라가는 사람이라면 이웃들의 죄도 우리의 죄로 인식할 수 있어야 합니다. 물론 그들이 깨달았을 때 그것이 유효해지겠지만 말입니다. 레위기에서 네 이웃 사랑하기를 네 자신과 같이 사랑하라는 말씀에서 이웃이란 이스라엘 동족을 말하는 것이었지만 오늘날 이웃은 이방인에게까지 확대되었습니다. 예수님께서 모든 인간의 죄를 위해 희생되셨기 때문입니다. 그렇습니다. 우리가 예수님입니다. 예수님께서 대제사장으로서 스스로 제물이 되신 것처럼 말입니다. 우리는 제사장 위임식을 마친 사람들입니다.

"그는 저 대제사장들이 먼저 자기 죄를 위하고 다음에 백성의 죄를 위하여 날마다 제사 드리는 것과 같이 할 필요가 없으니 이는 그가 단번에 자기를 드려 이루셨음이라"(히 7:27)

적용하기 : 우리의 예배 속에는 속죄제와 번제와 화목제의 의미가 포함되어 있습니다. 당신이 혹시 빠뜨린 것이 있습니까?

❷ 일곱 주야를 머물라.

핵심구절 : "위임식은 이레 동안 행하나니 위임식이 끝나는 날까지 이레 동안은 회막 문에 나가지 말라 오늘 행한 것은 여호와께서 너희를 위하여 속죄하게 하시려고 명령하신 것이니 너희는 칠 주야를 회막 문에 머물면서 여호와께서 지키라고 하신 것을 지키라 그리하면 사망을 면하리라 내가 이같이 명령을 받았느니라"(레 8:33~35)

제사장 위임식에서는 매일 똑같은 제사를 7일 동안 반복하도록 하셨습니다. 오늘날 목사 안수식도 그렇게 하면 좋겠습니다. 일곱 번의 반복된 제사를 통하여 제사장들은 물론이고 그것을 일곱 번을 지켜보는 백성들에게도 무엇을 기대할 수 있겠습니까? 일곱 번의 속죄제를 통하여 백성들의 죄는 더욱 더 깨끗하게 씻어질 것입니다. 한 번으로 부족하다는 말이 아닙니다. 백성들의 의식을 말하는 것입니다. 하나님이면 한 번으로 모든 것이 족합니다. 예수님도 단 한 번 제물이 되셨습니다. 그러나 사람은 다릅니다. 죄가 씻어짐을 믿어도 시간이 지나면 희미해지는 것이 사람입니다. 거듭하여 제사를 드리게 함으로써 그것이 사람의 의식 속에 더욱 깊이 박힙니다. 그리고 흔들리지 않게 됩니다. 물론 그만큼 중요하고 핵심적이기 때문에 그렇게 하시는 것입니다. 번제도 마찬가지입니다. 7일 동안 일곱 번의 번제를 통하여 헌신이 무엇인가를 배우고 느낍니다. 일곱 번의 화목제를 통해서도 하나님사랑과 이웃사랑의 공동체의식이 더욱 더 깊게 뿌리박힙니다.

우리가 왜 날마다 기도를 드리고 말씀을 읽고 묵상을 하고 주일마다 예배를 드리고 은혜를 나누고 복음을 전해야 하겠습니까? 일곱 번씩의 제사를 드림으로써 항상 하나님의 은혜를 기억하고 언약을 새기며 하나님의 말씀에 절대 순종하는 것만이 살 길이라는 사실을 깊이깊이 인식하게 만들어 어떤 경우에도 하나님과 떨어지지 않는 백성을 만들기 위해서입니다. 오늘날에는 하나님 의존성을 훼방하는 요소들이 얼마나 많은지 모릅니다. 그 모든 것이 사탄을 통하여 세상을 지배하는 인본주의적인 요소들입니다만, 하나님을 의지할 수밖에 없는 광야생활에서도 수시로 하나님을 벗어나려는 이스라엘을 보면서 우리는 일곱 번 제사를 늘 기억해야 하겠습니다. 교회에서의 신앙훈련도 가르치는 교육에 머물러서는 승리하기 어렵고 일곱 번 제사와 같은 반복훈련으로 나아가야 합니다.

"인자와 진리가 네게서 떠나지 말게 하고 그것을 네 목에 매며 네 마음판에 새기라"(잠 3:3)

적용하기 : 알고 있으면서도 막상 닥치면 그대로 순종하지 못하는 부분이 있습니까? 그것은 아는 것이 아닙니다. 아는 것이 당신을 지배하도록 하기 위해 무엇을 해야 하겠습니까?

하나님의 마음

하나님은 우리가 기계가 되기를 원하시는 것이 결코 아닙니다. 기쁘고 자원하는 마음으로 순종하기를 원하십니다. 당신은 얼마나 기쁨과 자원하는 마음으로 합니까?

오늘 받은 은혜

전체적으로 당신이 받은 은혜와 느낌을 기록해보십시오.

실천을 위한 도전 (기도하여 성령님의 인도하심을 받으십시오.)

우리가 믿고 거듭날 때 제사장 위임식과 같은 구속이 일어났습니다. 곧 우리는 하나님의 것입니다. 그것을 표현할 수 있는 한 가지 실천 사항을 생각하십시오.

아론의 제사장 취임식

레위기 9:1~24

본문 개론

　아론의 제사장 '위임식'을 7일 동안 마치고 그 다음날에는 제사장 '취임식'이 열립니다. 제사장으로 위임받은 후 처음으로 직접 제사를 드리는 광경입니다. 그런데 먼저 아론을 위한 속죄제와 번제를 드리고 나서 백성들을 위한 제사들을 집전하게 됩니다. 7일 동안이나 매일 같이 속죄제, 번제, 화목제를 드렸음에도 불구하고 제사장의 직무를 수행하기 직전에 먼저 자신을 위한 속죄제와 번제를 드리고 나서야 백성들을 위한 제사를 수행할 수 있었습니다. 제사장이라 할지라도 얼마나 인간의 죄가 크고 깊은 것이지를 잘 보여주는 명령이며, 동시에 그러한 모든 짐승제사를 단 한 번에 완성하신 예수 그리스도의 속죄제사가 우리 신약성도들에게 얼마나 크신 은혜인가를 충분히 깨닫게 해주는 명령이기도 합니다. 마지막 장면들은 그렇게 진행된 아론의 제사를 하나님께서 열납하셨다는 사실을 하나님께서 직접적인 방식으로 불을 내려 번제물과 기름을 사르는 광경을 보여주심으로써 이스라엘과 함께하시는 하나님이심을 드러내 주셨습니다.

본문 적용

물론 오늘날에는 아무리 하나님의 영광이 충만하더라도 제단에 불을 쏟으시는 방식으로는 행치 않으십니다. 그러나 하나님은 충분히 현대적인 방식으로 하나님의 영광을 드러내실 것입니다. 제단에 불을 내리시는 것은 아론의 제사장 위임과 제사장으로서의 첫 임무를 성공적으로 마쳤다는 사실을 증명해 주시는 것입니다. 오늘날 우리에게 하나님은 어떤 방식으로 영광을 드러내실까요? 불을 내린 것과 같은 기적을 통해서일까요? 모세에게 지팡이를 주시고 홍해를 가르는 식으로 행하실까요? 물론 필요에 따라 그런 경우도 있지만 그런 방식은 예수님께서 이 땅에 오심으로써 더 이상 널리 행해지지는 않습니다. 그렇다면 믿음 때문에 순교한 사람은 어떻게 증명이 되겠습니까? 오히려 순교의 죽음이 바로 하나님의 영광을 드러내는 방식이 아니었을까요? 예수님의 이름으로 용서하고 사랑하고 비우고 나누고 희생하고 섬기는 것이 하나님의 영광을 드러내는 가장 효과적인 방식인 것입니다. 하나님의 영광은 누가 깎아내린다고 해서 줄어들거나 사라지는 것이 아닙니다. 우리가 순종함으로써 영광을 올려드리는 것입니다.

❶ 제사장의 감격

핵심구절 : "여덟째 날에 모세가 아론과 그의 아들들과 이스라엘 장로들을 불러다가 아론에게 이르되 속죄제를 위하여 흠 없는 송아지를 가져오고 번제를 위하여 흠 없는 숫양을 여호와 앞에 가져다 드리고 이스라엘 자손에게 말하여 이르기를 너희는 속죄제를 위하여 숫염소를 가져오고 또 번제를 위하여 일 년 되고 흠 없는 송아지와 어린 양을 가져오고 또 화목제를 위하여 여호와 앞에 드릴 수소와 숫양을 가져오고 또 기름 섞은 소제물을 가져오라 하라 오늘 여호와께서 너희에게 나타나실 것임이니라 하매 그들이 모세가 명령한 모든 것을 회막 앞으로 가져오고 온 회중이 나아와 여호와 앞에 선지라"(레 9:1~5)

아론이 여호와의 제사를 집전하기가 이렇게 힘이 들었습니다. 그는 모세의 대변자로서 많은 역할을 감당했습니다. 그런데 모세가 시내산에 올라가 있는 동안 금송아지 사건의 최고 지도자 노릇을 하고 말았습니다. 크게 회개하고 이후로 모세의 뜻을 따라 모든 것을 잘 마쳤습니다. 그리고 마침내 7일 동안의 제사장 위임식을 잘 마무리하고 팔일 째 되는 날에 아론은 최초로 정식 제사장이 되어 속죄제와 번제와 화목제를 집전하기에 이르렀습니다. 어찌 감격이 되지 않겠습니까? 어쩌면 두려움에 떨었을지도 모르지만 온 백성들과 함께 하나님 앞에서 송아지를 잡았습니다. 제사장의 직무는 도살장과 흡사했지만 그것은 지극히 거룩한 일이었고 그 소가 바로 아론 자신이며 이스라엘 모든 백성들이라는 사실을 모두가 알고 있었습니다.

아론이 정식으로 제사를 드리기까지 하나님은 많은 과정을 거치게 하셨습니다. 아론 개인으로도 그렇지만, 모든 백성들이 성막을 짓기까지 얼마나 헌신했습니까? 지성소의 언약궤와 성소의 등잔대, 향로, 상을 만들고 회막 밖에는 물두멍과 번제단을 만듭니다. 성막을 치고 덮개를 덮습니다. 회막 울타리를 만들고 나중에는 제사장들의 의복을 정교하게 만듭니다. 그런 모든 것을 준비하고 나서 마침내 제사장 위임식에서 7일 동안 제사를 드립니다. 그렇게 모든 준비가 되고 나서 비로소 아론은 첫 제사를 드리게 됩니다. 아론도 그렇고 백성들도 그렇고 물론 모세도 당연히 그렇고, 얼마나 감격이 되겠습니까? 그러나 감격하기까지 준비한 것을 생각해야 합니다.

"그러므로 이스라엘아 내가 이와 같이 네게 행하리라 내가 이것을 네게 행하리니 이스라엘아 네 하나님 만나기를 준비하라"(암 4:12)

적용하기 : 당신이 진행하고 있는 일이 더디다면 혹시 준비가 덜 되어 있기 때문이 아닌가요? 예배 때에도 하나님을 만날 만한 준비를 어느 정도나 하고 있습니까?

❷ 하나님의 감격

핵심구절 : "아론이 백성을 향하여 손을 들어 축복함으로 속죄제와 번제와 화목제를 마치고 내려오니라 모세와 아론이 회막에 들어갔다가 나와서 백성에게 축복하매 여호와의 영광이 온 백성에게 나타나며 불이 여호와 앞에서 나와 제단 위의 번제물과 기름을 사른지라 온 백성이 이를 보고 소리 지르며 엎드렸더라"(레 9:22~24)

하나님께서 그 영광을 드러내실 때가 있습니다. 눈에 보이는 신비한 현상뿐만이 아니라 하나님의 임재의 상징을 우리들에게 드러내어 주실 때가 있습니다. 물론 하나님은 사람에게 꼭 필요한 경우에 한하여 그렇게 하십니다. 기도에 대한 응답이나 우리가 하나님을 꼭 필요로 할 때 그 증거를 보여주기도 하십니다. 특별히 오늘 아론의 첫 제사 이후에 하나님께서 영광을 드러내시고 그 증거로 하늘에서 불을 내려 제단을 불태워버리신 것으로 나타내셨습니다. 이것을 우리 백성들은 어떻게 해석해야 할까요? 어떻게든 하나님의 영광을 스스로 드러내신 것은 틀림이 없습니다만, 아마도 하나님께서 기뻐하시고 감격하셔서 그렇게 보여주신 것이 아닐까 하는 생각을 합니다. 아론과 모세와 백성들이 감격한 것만큼이나 하나님도 감격하셨다는 뜻입니다. 무슨 감격이겠습니까? 제사를 통하여 공식적으로 하나님과 백성들 사이의 걸림돌을 제거할 수 있는 길을 여셨다는 것입니다. 예수님께서 십자가에 달리실 때와 같은 원리입니다. 하나님은 한편으로는 말할 수 없는 비통함을 느끼시면서도 또 다른 한편으로는 감격하셨을 것이라고 상상할 수 있습니다.

우리가 하나님을 감격시키기를 원한다면 근본적으로 무엇을 먼저 해야 하겠습니까? 하나님과 사람 사이에 거리낌이 없어질 때 곧 사람의 영혼이 하나님과 관계를 회복했을 때 그렇게 하지 않으실까요? 물론 사람이 하는 모든 일을 통하여 진정으로 하나님께 영광을 돌려드릴 때 하나님은 똑같이 기뻐하실 것입니다만, 하나님을 모르는 죄인인 한 영혼이 스스로 죄를 깨닫고 하나님과 인격적인 관계를 회복했을 때 하나님은 가장 크게 기뻐하지 않으실까요? 이것은 전도해서 교회에 데려다 앉혀놓는 것과는 조금 다른 방향입니다. 하나님과의 첫 만남이 아니라 하나님과 실질적인 관계가 맺어지는 것을 뜻하기 때문입니다. 이것을 구분하기 어려운 사람들도 있을 것입니다. 열심히 믿어 집사 직분을 받아놓고도 나중에 무종교인이 되거나 또는 불교로 개종한 사람들도 있기 때문입니다. 아론의 첫 제사를 하나님께서 기뻐하셨다면 하나님과의 올바른 관계가 시급합니다.

"너의 하나님 여호와가 너의 가운데에 계시니 그는 구원을 베푸실 전능자이시라 그가 너로 말미암아 기쁨을 이기지 못하시며 너를 잠잠히 사랑하시며 너로 말미암아 즐거이 부르며 기뻐하시리라 하리라"(습 3:17)

적용하기 : 당신은 하나님께서 기뻐하실 만큼 하나님과 열려있습니까? 만약에 그렇지 못하다면 왜 그렇습니까?

하나님의 마음

하나님은 성도들과의 친밀한 교제를 소원하고 계십니다. 당신이 하나님께 감격할 때는 언제라야 하겠습니까? 조건은 하나님께서 감격하셔야 한다는 것입니다.

오늘 받은 은혜

전체적으로 당신이 받은 은혜와 느낌을 기록해보십시오.

실천을 위한 도전 (기도하여 성령님의 인도하심을 받으십시오.)

당신이 하나님께 감격할 수 있거나 하나님께서 감격하실 수 있는 일 한 가지만 찾아보고 진행하십시오.

10
제사장의 불순종 사건
레위기 10:1~20

앞장에서 하나님은 영광을 드러내어 주셨습니다. 그러나 본장에서는 나답과 아비후의 불순종으로 인한 여호와의 진노가 표출되었습니다. 하나님의 영광스러운 임재가 순종하는 자들에게는 영광이지만 불순종하는 자들에게는 저주인 것입니다. 나답과 아비후가 여호와께서 명하지 않으신 다른 불을 담아 분향했다가 그 자리에서 죽었습니다. 하나님은 아버지 아론과 형제들에게 애도하지 말고 회막 문밖으로 나가지 말도록 명하셨습니다. 제사장은 제사를 드리고, 우림과 둠밈으로 하나님의 뜻을 분별하게 하셨는데, 오늘 본문에는 백성들에게 모든 규례를 가르치는 의무를 주셨습니다. 가장 중요한 가르침은 거룩하고 속된 것, 부정하고 정한 것을 분별하여 가르치는 일(10)이었습니다. 그리고 마지막 단락에는 제사장이 거룩한 성막 뜰에서 먹어야 할 제물에 대해서 명령을 내리셨습니다.

본문 구성

본문 적용

　오늘날에는 하나님의 말씀에 불순종했다고 해서 그 자리에서 죽는 일은 없습니다. 본문의 말씀은 사도행전에서 아나니아와 삽비라 부부가 헌금문제로 죽은 것과 유사합니다. 거룩한 하나님께는 작은 티 하나도 영광을 가리는 중대한 사건이라는 것입니다. 하나님께서 사랑하시는 것을 사랑하지 않는 것은 불신앙이고 또 하나님께서 미워하시는 것을 미워하지 않는 것도 불신앙입니다. 작고 크거나 사소하고 중대한 문제의 차이가 아닙니다. 하나를 거부하면 전체를 거부하는 것입니다. 그런데 아마도 나답과 아비후는 독주를 마시고 취한 상태로 제사에 참여했다가 실수하고 죽은 것 같습니다. 어떤 경우이든 본장을 읽으면서 과연 오늘날 현대 신앙인들에게 거룩하고 속된 것과 부정하고 정한 것을 어떻게 분별할 수 있을까를 깊이 생각해야 할 것입니다. 물론 구약에서 이야기하는 그런 기준으로 구분할 수 있는 것은 아닙니다. 오늘날의 신앙적 문제 중의 하나는 세속화를 이야기할 수 있는데, 세상 사람들 속에 섞여서 살아가면서도 거룩한 가치기준을 정하여 그 이상을 넘어가지 않는 분별력이 반드시 필요합니다. 그 최소한의 기준이 바로 선악열매였던 것입니다.

❶ 가까운 자에게 거룩함을

핵심구절 : "아론의 아들 나답과 아비후가 각기 향로를 가져다가 여호와께서 명령하시지 아니하신 다른 불을 담아 여호와 앞에 분향하였더니 불이 여호와 앞에서 나와 그들을 삼키매 그들이 여호와 앞에서 죽은지라 모세가 아론에게 이르되 이는 여호와의 말씀이라 이르시기를 나는 나를 가까이 하는 자 중에서 내 거룩함을 나타내겠고 온 백성 앞에서 내 영광을 나타내리라 하셨느니라 아론이 잠잠하니"(레 10:1~3)

이것이 무슨 일인가요? 7일 간의 제사장 위임식을 마치고 8일째 되는 날에 아론이 최초로 제사를 집전하게 되었는데 그만 아론의 두 아들, 나답과 아비후가 제단의 불이 아니라 다른 곳에서 옮겨온 불로 분향하다가 그 자리에서 심판을 받아 죽었습니다. 한순간에 두 아들을 잃은 아론은 그러나 머리를 풀거나 옷을 찢어 슬픔을 표현하지도 못한 채 회막 문 밖으로 나가지 못하고 사명을 완수합니다. 그리고 그날 드린 속죄제도 두 아들의 시신으로 부정해졌으므로 먹지 않았다고 합니다(10:19). 그런데 하나님은 "나를 가까이 하는 자 중에서 내 거룩함을 나타내겠다."고 선포하십니다. 가장 가까이에서 하나님을 모시는 제사장들이 거룩하지 않으면 백성들에게 영광을 드러낼 수가 없습니다. 그래서 그것을 심판하심으로써 백성들에게 두려움과 영광을 나타내신 것입니다.

오늘날 우리 그리스도인들은 믿지 않는 사람들에게 영적 제사장이라고 했습니다. 우리는 하나님을 가까이 하는 사람들입니다. 당연히 하나님 앞에 거룩을 유지하고 세상 사람들과 구별하여 거룩하게 살아야 합니다. 종말이 오면 교회부터 심판하신다는 말이 있습니다. 성령께서 내주하시고 하나님의 말씀을 통하여 늘 하나님의 뜻대로 살려고 하는 그리스도인들에게 더욱 경계하는 마음이 필요합니다. 나답과 아비후는 제단의 불을 사용하여 향을 피워야 한다는 것을 모르지 않았을 것입니다. 그러나 그들은 하나님의 규례에 대해 너무 소홀하게 생각했습니다. 아니면 그저 편의적으로 해석했을 것입니다. 하나님의 사랑에 기대는 것이라고 생각했을 수도 있습니다. 그러나 우리는 하나님께서 싫어하시는 것은 생명처럼 금해야 합니다.

"우리 주 예수 그리스도께서 나타나실 때까지 흠도 없고 책망 받을 것도 없이 이 명령을 지키라"(딤전 6:14)

적용하기 : 하나님은 성도가 자유를 누리기를 원하시지만 마치 선악열매처럼 테두리를 정해주십니다. 당신이 최소한 지키고 있는 경계선은 무엇입니까?

❷ 포도주와 독주를 삼가라.

핵심구절 : "너와 네 자손들이 회막에 들어갈 때에는 포도주나 독주를 마시지 말라 그리하여 너희 죽음을 면하라 이는 너희 대대로 지킬 영영한 규례라 그리하여야 너희가 거룩하고 속된 것을 분별하며 부정하고 정한 것을 분별하고 또 나 여호와가 모세를 통하여 모든 규례를 이스라엘 자손에게 가르치리라" (레 10:9~11)

특정한 환경에서 내려주신 말씀이지만, 오늘날 그리스도인들에게 적용이 가능한 말씀 중에 포도주와 독주를 마시지 말라는 말씀이 포함될 수 있습니다. 포도주나 독주를 마신다고 해서 큰 죄가 되고 지옥으로 떨어지는 것은 아닙니다. 본문은 제사장이 거룩한 제사를 지낼 때에는 모든 술을 금지하는 규례입니다만, 그와 함께 하나님께서 주신 말씀 속에는 음주의 모든 원리가 들어있습니다. 일단 회막 곧 하나님께서 임재하시는 곳으로 들어갈 때에 포도주와 독주를 마시면 죽게 된다는 것입니다. 그만큼 하나님과의 관계를 더럽힐 수 있기 때문입니다. 그러면서 하나님은 포도주와 독주를 거룩한 것과 속된 것, 정한 것과 부정한 것을 분별하는 잣대 중의 하나로써 음주를 말씀하십니다. 제사를 집전하면서 술에 조금이라도 취해서 사리를 분별하지 못하거나 판단이 흐려지게 된다면 누구라도 나답과 아비후처럼 그 자리에서 죽을 수 있는 것입니다.

물론 우리 그리스도인들이 항상 제사지내는 것과 같은 마음으로 살 수 있는 것은 아닙니다. 그렇게 오랫동안 긴장해서는 살 수가 없습니다. 하나님도 그런 것을 원하시는 것은 결코 아닙니다. 하지만 하나님과의 관계와 사람과의 관계에서 그것이 훼방을 받거나 심하게 상할 정도가 된다면 그런 일을 결코 하지 말아야 합니다. 예를 들어 거의 그렇지 않는데 한 번 심하게 술에 취해서 주사를 부린다거나 실수를 한다고 생각해보십시오. 그 사람이 평소에 아무리 좋은 믿음을 보였다고 해도 한 번 그런 일을 행하고 나면 이전과 같은 시각으로 그 사람을 볼 수 없을 것이며 그렇게 되면 하나님과 사람 사이에도 금이 가게 될 것이라는 말입니다. 물론 그런 것을 더 좋아하는 이웃들도 있겠지만 적어도 하나님과의 관계의 측면에서 본다면 결코 도움이 되지 못할 것입니다. 만약에 나답과 아비후가 술을 먹고 규례를 어겼는데 아무런 일도 일어나지 않았다면 하나님께 영광을 돌려드릴 수가 없었을 것입니다.

"술 취하지 말라 이는 방탕한 것이니 오직 성령으로 충만함을 받으라"
(엡 5:18)

적용하기 : 꼭 술을 마시고 취하는 이야기만 하는 것이 아닙니다. 당신은 가끔이라도 술을 마십니까? 또는 술과 유사하게 하나님과의 관계를 훼방하는 일을 한 적이 있다면 그것은 무엇입니까?

❸ 거룩한 소득을 거룩하게 하라.

핵심구절 : "이는 여호와의 화제물 중 네 소득과 네 아들들의 소득인즉 너희는 그것을 거룩한 곳에서 먹으라 내가 명령을 받았느니라 흔든 가슴과 들어 올린 뒷다리는 너와 네 자녀가 너와 함께 정결한 곳에서 먹을지니 이는 이스라엘 자손의 화목제물 중에서 네 소득과 네 아들들의 소득으로 주신 것임이니라 그 들어 올린 뒷다리와 흔든 가슴을 화제물의 기름과 함께 가져다가 여호와 앞에 흔들어 요제를 삼을지니 이는 여호와의 명령대로 너와 네 자손의 영원한 소득이니라"(레 10:13~15)

제사장은 생활에 사용되는 모든 것들을 하나님께로부터 공급받습니다. 물론 백성들의 분깃들 중에서 하나님께서 정하신 것을 받아서 사용하는데, 특히 먹을 것들도 제사를 통하여 얻어지는 것을 취하게 되어 있습니다. 제사장들은 먹을 것을 거룩하게 얻어서 또 거룩한 곳에서 먹어야 합니다. 그것을 성경은 제사장들의 영원한 소득이라고 말합니다. 거룩한 방법으로 거룩하게 얻은 소득을 사용할 때에도 거룩하게 사용하라는 것입니다. 일종의 그리스도인들의 경제원칙에 해당된다고 할 수 있는데, 그렇다고 본문에서처럼 하나님께서 소득을 주실 때를 기다리라는 의미가 아니라 좀 더 영적으로 나아가서 물질에 대한 개념으로 볼 수 있다는 것입니다.

그리스도인은 돈을 어떻게 벌고 어떻게 사용해야 할까요? 순전히 돈을 많이 벌기 위한 투자가 가능할까요? 적어도 어떤 종류이든 그리스도인은 일한 만큼의, 곧 노동한 만큼의 소득을 받고 거기에 맞추어 살아가야 하는 것일까요? 그렇습니다. 그리스도인은 자신이 일한 대가를 가지고 살아야 하고 직접적으로 돈을 불리기 위한 투자 같은 것은 하지 않는 것이 하나님의 뜻입니다. 그것은 하나님의 마음에 저촉되는 일일 수 있습니다. 거기에 하나님께서 개입하실 여지는 전혀 없습니다. 다만 상황은 너무나도 다양하기 때문에 한가지로 지정할 수는 없으며 하나님과의 관계 속에서 진행하는 경우가 있을 수는 있습니다. 무엇이든지 하나님이 목적이 되지 않는 일은 하지 않는 것이 하나님을 기쁘시게 하는 길입니다. 장사나 사업을 해도 하나님께서 기뻐하지 않으실 편법이나 지나친 이윤추구나 불법적인 과장광고 등을 통하여 사업을 추진한다면 거기에 하나님께서 계실 리가 없습니다. 이 세상에서 조금 잘 살거나 조금 못사는 것은 아무 문제가 되지 않습니다. 그리스도인들도 거룩하게 돈을 벌어서 거룩하게 사용해야 합니다.

"돈을 사랑하지 말고 있는 바를 족한 줄로 알라 그가 친히 말씀하시기를 내가 결코 너희를 버리지 아니하고 너희를 떠나지 아니하리라 하셨느니라"(히 13:5)

적용하기 : 당신은 현재 물질에 대해서 어떤 자세를 가지고 있습니까? 본절에서 제시한 원리가 당신에게 어떻게 받아들여집니까?

하나님의 마음

하나님은 굉장히 엄격하게 규례를 지킬 것을 명하십니다. 하나님과의 관계가 훼손되면 이방인과 같아지기 때문입니다. 당신은 이방인과 같이 행동한 경우가 있었습니까?

오늘 받은 은혜

전체적으로 당신이 받은 은혜와 느낌을 기록해보십시오.

실천을 위한 도전 (기도하여 성령님의 인도하심을 받으십시오.)

하나님을 더 기쁘시게 하여 친밀한 관계를 유지하기 위한 결단 한 가지를 해보십시오.

정결한 동물과 부정한 동물

레위기 11:1~47

본문 개론

마침 나답과 아비후의 사건으로 거룩하고 속된 것, 부정하고 정한 것에 대한 엄격한 분별과 순종을 말씀하신 다음에 본장에서는 먹을 수 있는 것과 먹을 수 없는 것, 곧 정한 동물과 부정한 동물을 어떻게 분별하는가에 대해서 모세와 아론에게 가르쳐주십니다. 곧 앞장까지는 제물로서의 정함과 부정을 구분하셨다면 본장에서부터는 하나님과의 교제에 있어서 방해가 되거나 저해하는 요소들에 관하여 말씀해주시는 것입니다. 백성들의 실제 삶에 관한 말씀 중 가장 먼저 정한 동물과 부정한 동물을 구별하십니다. 사실 먹는 문제는 인간의 삶의 중요한 핵심입니다. 하나님은 제물을 가지고 제사를 드릴 때에만 관계하시는 것이 아니라 오히려 그 나머지 모든 시간을 우리와 함께하시는 분이십니다. 이렇게 음식에 관해 엄격하게 구별하시는 목적 중의 하나는 바로 이방인들과 구별하시는 중요한 기준이 되기 때문인 것입니다. 이스라엘은 일상의 삶에서부터 거룩해야 합니다.

본문 구성

본문 적용

　복잡해 보이는 기준이라도 그 원리를 발견하는 것이 성경을 읽는 방법이 되어야 할 것입니다. 오늘날에도 변함없이 유대인들의 식사법은 구별되어 있습니다. 이스라엘 내의 종교인들에만 국한되는 것은 아닙니다. 대개의 유대인들은 이런 기본적인 식사법을 지금도 지키고 있습니다. 이는 마치 이슬람교에서도 할랄 음식에 대해 아주 엄격하게 구분하고 있는 것과 같은 의미일 것입니다. 다만 오늘날에는 그리스도로 말미암아 그런 모든 기준들은 전부 완성되었고 철폐되었습니다. 그러나 그렇다고 하여 모든 것을 자유롭게 할 수 있다는 말은 아닙니다. 음식에 관한 그런 규제를 사라졌지만 우리 그리스도인들에게는 여전히 영적 음식에 관한 구분법이 존재하는 것입니다. 하나님의 말씀은 우리들에게 영적 양식이지 않습니까? 어떤 기준으로 영적 양식을 구분하고 있습니까? 이단적 사상이나 인본적인 책들, 세상의 지혜를 추구하는 수많은 정보들, 성공이나 번영을 기반으로 하는 삶의 원리 등이 많은 그리스도인들에게 읽혀지고 있습니다. 본장을 읽으면서 과연 현대 그리스도인들에게 정한 양식과 부정한 양식이 무엇인가를 깊이 생각하는 시간이 되면 좋겠습니다.

❶ 둘 중 하나와 둘 다

핵심구절 : "모든 짐승 중 굽이 갈라져 쪽발이 되고 새김질하는 것은 너희가 먹되 새김질하는 것이나 굽이 갈라진 짐승 중에도 너희가 먹지 못할 것은 이러하니 낙타는 새김질은 하되 굽이 갈라지지 아니하였으므로 너희에게 부정하고 … 물에서 움직이는 모든 것과 물에서 사는 모든 것 곧 강과 바다에 있는 것으로서 지느러미와 비늘 없는 모든 것은 너희에게 가증한 것이라 … 날개가 있고 네 발로 기어 다니는 곤충은 너희가 혐오할 것이로되 다만 날개가 있고 네 발로 기어 다니는 모든 곤충 중에 그 발에 뛰는 다리가 있어서 땅에서 뛰는 것은 너희가 먹을지니"(레 11:3~4, 10, 20~21)

우리는 모든 동물들을 지으신 분이 바로 하나님이라는 사실을 생각하면서 다소 이해가 어려운 부분도 받아들일 수 있어야 할 것입니다. 물론 현대적인 관점에서 이렇게 분류하여 명확하게 먹을 것과 먹지 못할 것을 구분하는 일은 큰 의미가 없을 수도 있지만, 하나님께서 고대 중근동 지역을 중심으로 명하신 의미를 알고 그 원리를 따라가면 좋을 것입니다. 전체적으로 보아서 짐승과 조류와 물고기와 곤충으로 분류하신 기준을 살펴보면, 우선 짐승의 경우에 굽이 갈라지고 새김질을 하는 동물들은 대개 풀이나 나뭇잎을 먹는 동물로서 정한 짐승이었습니다. 토끼는 되새김질은 아니라도 1차로 배설한 소화되지 않은 똥을 다시 새김질을 하지만 발굽이 갈라지지 않았으므로 금하셨는데, 토끼는 소나 양과는 달리 땅을 파고 사는 짐승입니다. 물고기는 지느러미와 비늘이 있어야 먹을 수 있었고 곤충은 긴 다리가 있어 뛰어다닐 수 있는 것만 정한 동물이었습니다.

전체적으로 육식동물이 아니라 초식동물, 주로 다른 동물들의 먹이가 되는 동물, 새들 중에서도 육식조류를 제외하시고 식용으로 허락하셨습니다. 많은 경우에 오늘날 우리나라에서 보신용으로 많이 알려진 동물들은 대부분 제외하신 것을 볼 수 있습니다. 비타민이나 미네랄이 풍부한 동물들, 곧 땅을 기어 다니거나 땅 속에 서식하는 동물들은 오히려 금하신 것입니다. 세례 요한도 주로 석청과 메뚜기를 먹고 살았습니다. 대개 인간의 자연적인 건강에 소요될 수 있는 동물들은 식용으로 허락하셨고, 지나치게 양분이 쏠려있거나 질병 등 많이 취하면 오히려 건강에 해가 되는 동물들을 제외하신 것입니다. 정한 동물과 부정한 동물을 구분하신 여러 가지 이유 중에서도 모든 사람에게 적용 가능한 이야기를 해보았습니다.

"이 요한은 낙타털 옷을 입고 허리에 가죽 띠를 띠고 음식은 메뚜기와 석청이었더라"(마 3:4)

적용하기 : 당신은 음식에 대해서 어떤 기준을 가지고 있습니까? 그것이 성경의 원리와 어떻게 얼마나 차이가 있습니까?

❷ 내가 거룩하니 너희도 거룩하라!

핵심구절 : "나는 여호와 너희의 하나님이라 내가 거룩하니 너희도 몸을 구별하여 거룩하게 하고 땅에 기는 길짐승으로 말미암아 스스로 더럽히지 말라 나는 너희의 하나님이 되려고 너희를 애굽 땅에서 인도하여 낸 여호와라 내가 거룩하니 너희도 거룩할지어다"(레 11:44~45)

이 세상에서 진짜로 거룩하신 분은 오직 여호와 하나님 한분밖에는 없습니다. 하나님은 가만히 계셔도 거룩하신 분입니다. 그러나 우리 인간들은 아무리 노력하고 애를 쓰고 싸우고 심지어 죽더라도 스스로 거룩하게 될 수는 없습니다. 그것은 처음부터 불가능한 일입니다. 그런데 하나님은 이스라엘의 제사를 통하여 거룩하게 만드는 길을 열어주셨습니다. 백성들이 스스로 거룩하게 되는 길이 아니라 하나님께서 제정하신 제사를 통해서 거룩함으로 인도하시는 것입니다. 하지만 그렇게 거룩하게 만들어진 백성들이 일상의 삶 가운데에서 부정하게 되어버리는 경우가 발생하게 됩니다. 무슨 큰 죄를 지어서가 아니라 부정한 존재와 몸이 닿거나 그 주검을 만지거나 옮기거나 아무튼 접촉하게 되면 그 사람은 부정하게 되어 버립니다. 그럴 때 어떻게 해야 하겠습니까? 옷을 빨거나 그릇을 깨거나 며칠 동안 격리되거나 해야 합니다. 왜냐하면 거룩한 하나님의 백성으로서의 삶을 유지할 수가 없게 되기 때문입니다.

이것은 하나님께서 절기 때에 누룩을 사용하지 말고 무교병을 만들어 먹으라고 명하신 것과 의미가 동일합니다. 누룩은 음식이나 그릇에 조금만 묻어도 금방 음식이나 사물 전체를 더럽혀버립니다. 가장 좋은 것은 그것을 깨끗하게 만드는 것입니다. 옷은 빨아야 하고 토기는 깨뜨려버려야 하며 몸은 정해진 기간 동안 외부와 접촉을 끊음으로써 누룩의 부패성을 단절해야 합니다. 이렇게 정한 것과 부정한 것을 구분하여 거룩성을 지키는 일은 오늘날 우리의 죄와 깊은 관련이 있습니다. 우리도 죄와 관련되거나 죄에 오염될 수 있는 모든 요소들로부터 떠나야 합니다. 현대적 의미에서의 정함과 부정은 오직 그 기준이 죄의 전염성, 전파성에 있는 것입니다. 예를 들어 술에 취하면 죄와 직접 연결될 확률이 높아집니다. 정욕은 그 대상과 가까이 하면 물들게 되어 있습니다. 돈에 대한 욕심도 마찬가지입니다. 그리스도인들은 죄와의 연관성을 피해야 합니다.

"음행을 피하라 사람이 범하는 죄마다 몸 밖에 있거니와 음행하는 자는 자기 몸에 죄를 범하느니라"(고전 6:18)

적용하기 : 세상과 구별되고 하나님과 더 가까워지는 일에 방해가 되는 일은 무엇입니까? 곧 당신의 약점은 무엇입니까?

하나님의 마음

사람이 생각하는 정함과 부정은 하나님께서 정하신 그것과 많은 차이가 있습니다. 하나님 보시기에 부정하게 느껴지는 일을 한 적이 있습니까? 어떻게 했습니까?

오늘 받은 은혜

전체적으로 당신이 받은 은혜와 느낌을 기록해보십시오.

실천을 위한 도전 (기도하여 성령님의 인도하심을 받으십시오.)

음식과 관련하여 당신이 금해야 하겠다고 생각하는 것이 있으면 한 가지만 중단을 결심해보십시오. 또 그것이 죄와 어떤 관련이 있는지를 생각해보십시오.

12
산모의 정결규례
레위기 12:1~8

본문 개론

생육하고 번성하라는 하나님의 말씀과 배치되는 듯한 내용의
본장은 여인의 출산 자체가 부정하다는 것이 아니라 하나님의 정
결함을 회복하라는 의미에서의 규례입니다. 단지 사람 앞과 하나
님 앞에 일시적인 부정을 제거하여 하나님의 백성으로 돌아가는
의식을 말하는 것입니다. 이레 동안의 부정은 타인과 접촉할 수 없
는 기간이며 나머지 33일은 하나님께 공식적으로 나아갈 수 없는
기간이었습니다. 한편 왜 남아 출산에는 40일이고 여아 출산에는
80일인가에 대해서는 여러 가지 견해가 있습니다. 출산한 여인은
일정한 기간이 차면 저절로 정결해지는 것 아니라 번제와 속죄제
로 제사를 드려야 했습니다. 번제 제물은 형편에 따라 일 년 된 어
린양이나 비둘기 중에서 드릴 수 있었고, 속죄제는 차별 없이 산비
둘기나 집비둘기 새끼로 드려야 했습니다. 이스라엘에서 백성 중
의 한 사람으로 소속되기 위해서는 출산과 정결법이 반드시 필요
했습니다.

본문 적용

　새롭게 탄생한 아기라고 해도 아담의 타락 이후에 태어난 생명이기 때문에 죄를 지고 태어나게 되어 있습니다. 축복된 출생임에도 영생을 위한 출생이 아니라 죽음을 향하여 달려가는 출생인 것입니다. 그렇다고는 하더라도 아기의 탄생을 진정으로 기뻐하고 이스라엘 사회의 일원으로 받아들여지려면 산모의 정결예식이 반드시 필요했습니다. 물론 그리스도의 피의 공로로 그 죄를 씻음 받은 것과 같은 결과는 만들어낼 수 없지만 적어도 육적인 이스라엘이 되려면 그런 과정이 필요했다는 것입니다. 상징적으로 보면 두 번의 출산과정과도 같은 것입니다. 물론 이런 정결례의 목적은 부정을 지적하는 것이 아니지만 오늘날에는 이 규례를 모든 시작점에서부터 하나님과 거리낌이 없도록 출발하기 위해 지키는 것으로 생각할 수 있습니다. 무슨 일이든지 관계이든지 처음의 의도와 목적이 하나님의 말씀의 테두리를 벗어나지 않게 해야 할 뿐만 아니라 근본적으로 예수 그리스도의 사랑과 은혜에 뿌리를 두어야 할 것입니다. 예수님과 예수님의 복음이 목적이 아니라면 그리스도인으로서 올바른 정체성을 유지하기 어려울 것입니다.

❶ 출산이 죄인가?

핵심구절 : "이스라엘 자손에게 말하여 이르라 여인이 임신하여 남자를 낳으면 그는 이레 동안 부정하리니 곧 월경할 때와 같이 부정할 것이며 여덟째 날에는 그 아이의 포피를 벨 것이요 그 여인은 아직도 삼십삼 일을 지내야 산혈이 깨끗하리니 정결하게 되는 기한이 차기 전에는 성물을 만지지도 말며 성소에 들어가지도 말 것이며"(레 12:2~4)

　아담과 하와가 죄를 짓고 에덴동산에서 쫓겨났습니다. 아담과 하와는 첫 사람들입니다. 첫 사람들이 죄를 지어 첫 죄인들이 되었습니다. 이후로 하와는 출산의 고통을 당해야만 새 생명을 얻을 수 있게 되었습니다. 왜 출산할 때 고통을 주셨을까요? 그것은 죄를 빼놓고는 설명이 안 됩니다. 출산할 때마다 자기 죄를 떠올릴 수밖에 없기 때문입니다. 자기 죄 때문에 고통을 느끼면서 동시에 그 고통은 태어날 자녀가 당할 고통까지 함께 느끼게 되는 것입니다. 출산할 때 자기가 다시 태어나는 것이 아니라 다른 사람이 태어나는 것입니다. 그렇다면 그 고통은 자기 죄로 인한 고통이면서 동시에 다른 사람, 곧 자기 자녀를 위해서 당하는 고통인 것입니다. 자식이 아니라면 고통당할 이유가 없기 때문입니다. 자녀 출산은 축복이지만 그것은 또 다른 죄의 탄생입니다. 그래서 산모는 일정한 기간 동안 부정한 것입니다. 그리고 출혈도 부정한 이유 중의 하나입니다. 피는 생명을 뜻하지만 그 피와 접촉한 사람도 부정해지기 때문입니다.

　축복과 기쁨의 상징인 출산이 산모의 고통과 피 흘림을 통하여 이루어지고 산모는 죽는 과정을 통하여 새로운 생명을 얻을 수 있는 것은 마치 예수 그리스도께서 영적으로 새 생명을 얻기 위하여 십자가에 달리시고 큰 고통을 당하시고 피를 다 쏟아내신 것과도 같은 모습입니다. 예수님도 3일 동안을 무덤 속에서 계신 후에야 부활하셨습니다. 예수님은 결코 부정하지 않으시지만, 산모는 마치 무덤 속과 같은 과정을 거쳐서 부정을 씻어내고 부활하는 것과 같은 과정이 필요합니다. 출산이 전혀 죄가 아니지만 산모에게는 부정을 선포하신 이유인 것입니다.

"내가 죄악 중에서 출생하였음이여 어머니가 죄 중에서 나를 잉태하였나이다"(시 51:5)

적용하기 : 예수님의 고난과 부활이 마치 여인의 출산의 과정과 같다는 것을 살펴보았습니다. 이런 점을 어떻게 생각합니까?

❷ 남자와 여자

핵심구절 : "여자를 낳으면 그는 두 이레 동안 부정하리니 월경할 때와 같을 것이며 산혈이 깨끗하게 됨은 육십육 일을 지내야 하리라"(레 12:5)

왜 남아를 낳으면 40일을 부정하고 여아를 낳으면 80일이 부정한 것일까요? 물론 당연히 남자와 여자를 차별하는 것은 아닙니다. 그렇다고 여아를 출산했을 때 힘이 더 들었거나 회복이 두 배로 더딘 것은 아닙니다. 그러므로 이것은 남아에게 베풀어지는 할례가 그 원인이라고 생각할 수밖에 없습니다. 할례란 무엇입니까?

하나님과의 언약의 징표입니다. 오늘날로 말하면 구원의 증거입니다. 외적으로는 세례와 같습니다. 그렇다면 남자 아기에게 팔 일 만에 할례를 행함으로써 그 아이는 확실히 하나님의 백성으로서 다시 태어나는 것입니다. 곧 할례로써 아기는 정결케 되었다는 말입니다. 따라서 산모의 부정의 기간은 그만큼 줄어들게 되고 총 40 일의 기간을 채우면 정결례를 드릴 수 있게 하시는 것입니다. 이것은 할례를 받지 않으면 백성들에게서 끊어지리라고 하시고 그 이유는 언약을 배반한 것이기 때문이라는 말씀(창 17:14)과도 상통하는 것입니다.

모세가 출애굽의 사명을 하나님으로부터 받고 애굽으로 돌아갈 때 갑자기 하나님께서 모세를 죽이려고 한 사건이 있었습니다. 그때 그 아내 십보라가 아들의 할례를 베풀고 모세에게 "당신은 나의 피 남편"이라고 하자 하나님께서 모세를 놓아주셨습니다. 그것은 순전히 할례 때문이었습니다(출 4:24~26). 할례가 정결예식과 깊은 관련이 있다는 말입니다. 그 당시에는 직접 몸에 행하는 할례가 엄청나게 중요했지만 그러나 그와 함께 마음의 할례도 강조한 것으로 보아서 몸과 마음에 동시에 할례를 받아야 비로소 하나님을 뜨겁게 사랑할 수 있음을 원하시는 것을 알 수 있습니다(신 30:6). 하나님께서 아들을 낳은 산모와 딸을 낳은 산모를 구별하시는 것은 맞지만 차별하시는 것은 아니었습니다. 할례는 단지 한 남자아이와 그 어머니가 관련된 일만은 결코 아닙니다. 그것은 이스라엘 전체와 하나님 사이의 언약의 문제이며 그렇기 때문에 정결예식도 구별하여 드릴 수 있게 한 것입니다. 오늘날에는 마음의 할례를 받아 새로운 영적 생명의 탄생을 축복하게 되었습니다. 산모의 규례를 적용하는 것은 아니지만 한 사람의 성도가 탄생하는 것에는 산모가 겪은 것만큼의 고통과 정결예식의 과정이 들어있는 것입니다.

"오직 이면적 유대인이 유대인이며 할례는 마음에 할지니 영에 있고 율법 조문에 있지 아니한 것이라 그 칭찬이 사람에게서가 아니요 다만 하나님 에게서니라"(롬 2:29)

적용하기 : 당신은 세례를 받았을 것입니다. 그렇다면 마음의 세례는 받았습니까? 정결예식과 같은 의식으로 살고 있습니까?

하나님의 마음
하나님은 남아이든 여아이든 한 사람의 완전한 존재로 남기를 원하십니다. 당신은 완전한 그리스도인을 지향하고 있습니까?

오늘 받은 은혜 :
전체적으로 당신이 받은 은혜와 느낌을 기록해보십시오.

실천을 위한 도전 (기도하여 성령님의 인도하심을 받으십시오.)
이제라도 이스라엘의 산모에게 행해지던 정결예식을 당신을 위해서 행해 보십시오. 무엇이 그 예식이 될 수 있겠습니까?

본문 개론

본장의 내용 역시 부정과 정결함을 온전히 구분지어 줍니다. 나병은 누룩은 같은 의미를 지닙니다. 조용하지만 치명적으로 퍼져 나가는 것이 죄의 성질과 같습니다. 물론 본장은 육체와 의복에 생기는 피부병 중에서 나병을 구별하는 것에 관한 내용이지만, 광야에서 이동식 공동체 생활을 해야 하는 이스라엘 백성들에게 치명적이 될 수도 있다는 사실을 설명하고 있습니다. 그래서 나병에 걸리면 진 밖으로 나가서 홀로 지내야 했습니다. 그리고 스스로가 나병환자라는 사실을 밖으로 분명하게 드러내야 했습니다. 앞에서부터 계속하여 부정과 정결의 구분과 처리 방법에 대해서 설명하고 있습니다만, 일단 본장에서는 나병환자를 진단하는 내용으로 구성되어 있습니다. 피부와 머리와 털에 나는 모든 종류의 증상들과 옷과 가죽에 드러나는 곰팡이와 같은 모든 종류의 외적 증상들을 진단합니다.

본문 구성

본문 적용

전반적으로 피부병 진단에 관한 내용이지만 주목적은 나병을 정확하게 분별해내는 것입니다. 흔히들 나병을 죄에 대한 형벌로 알고 있었지만 나병이 죄의 결과라고 언급하는 내용은 성경에 없습니다. 다만 백성들이 죄를 저질렀을 때 하나님께서 그 형벌로 나병을 내리신 적은 있었습니다. 나병환자를 마을에서 격리하는 것은 나병의 전염성 때문이었습니다. 나병은 치명성이 큰 병이며 그냥 내버려두었을 경우에 죄악과 마찬가지로 파괴하고 정상을 분리시키며 보이지 않게 침투하는 성질이 있습니다. 나병 자체도 통증을 느끼지 못하는 심각한 증상이 있어서 자기의 병을 자각할 수 없고 그대로 썩어지고 무디어지는 무서운 질병입니다. 현대인들에게 영적 나병의 증상이 있습니다. 영적인 죄로 인한 아픔을 느끼지 못합니다. 무감각합니다. 무슨 일이 일어나고 있는지 무관심합니다. 하나님 앞과 사람 앞에 신앙적 책임을 느끼지 못하는 무책임에 빠져 있습니다. 육적인 나병을 통해서 영적 증상을 자각해야 합니다.

❶ 격리하라.

핵심구절 : "제사장은 그 피부의 병을 진찰할지니 환부의 털이 희어졌고 환부가 피부보다 우묵하여졌으면 이는 나병의 환부라 제사장이 그를 진찰하여 그를 부정하다 할 것이요 피부에 색점이 희나 우묵하지 아니하고 그 털이 희지 아니하면 제사장은 그 환자를 이레 동안 가두어둘 것이며"(레 13:3~4)

그 당시 의술이 있었을 것임에도 하나님은 피부병들에 대해서 반드시 제사장에게 보이라고 명하셨습니다. 여기에서 나병이라고 번역했지만 성경의 내용을 보면 나병과는 전혀 다른 증상이 나타나는 것으로 보아서 다양한 종류의 피부병이라고 보는 것이 맞을 것입니다. 나병은 전염성이 약하여 따로 치료법을 제시할 수도 없기 때문입니다. 이는 단지 번역의 문제일 것입니다. 아무튼 그렇다고 하더라도 왜 피부병을 의사가 아니라 제사장에게 보여서 진단하게 하셨을까요? 이것은 마치 누룩에 대한 말씀과 상통하는 것 같습니다. 출애굽하는 날에도 누룩을 넣지 않은 떡을 만들라고 하셨고, 모든 소제물에 누룩을 넣지 말라고 하셨습니다(레 2:11). 누룩은 한 방울이라도 묻으면 전체를 부풀게 하기 때문입니다.

그런데 그렇게 질병이 번지는 것에는 나병만 있는 것은 아닙니다. 고라 자손의 일로 염병을 일으키셔서 14,700명을 죽게 하셨고(민 16:49), 모압 여인들과의 부정으로 염병을 일으키셔서 24,000명이 죽게 만드셨습니다(민 25:9). 하지만 염병은 하나님께서 심판하실 때 사용하신 것이고, 피부병은 전염성이 강하기는 해도 개인의 질병에 그치는 것이기 때문에 고쳐서 사용하시기를 원하셨습니다. 피부병을 고치는 방법도 약을 바르는 것이 아니라 어디에 가두어 두거나 진영 밖으로 격리하는 것입니다. 아마 이스라엘 백성들이 광야생활에서 이 피부병으로 많은 고생을 하지 않았나 싶습니다. 그리고 이동 중이나 제사를 드릴 때 피부병 환자들과 격리하지 않으면 활동 자체가 힘들어지기 때문이 아닌가 싶습니다.

그러므로 여기에서는 피부병 자체보다는 격리에 초점을 맞춥니다. 부정한 것과 정한 것을 엄격하게 구분하고 그 부정을 정한 것으로부터 분리시키는 것입니다. 그것이 치료법입니다. 그리고 정한 것으로 판명되면 제사를 통하여 완전히 씻어냅니다. 마치 죄를 지은 사람에게 속죄제를 명하듯이 피부병 환자에게도 속죄제를 명하십니다. 죄악이나 질병의 파급력은 굉장히 강합니다. 또 눈에 잘 보이지도 않습니다. 죄나 질병의 조짐이 있으면 즉시 격리하는 것이 최상의 조치입니다. 죄와 피부병의 성격이 유사합니다. 우리도 죄의 침투를 최대한 막고 격리함으로써 죄의 오염을 막아야 합니다.

"그러나 어리석은 변론과 족보 이야기와 분쟁과 율법에 대한 다툼은 피하라 이것은 무익한 것이요 헛된 것이니라 이단에 속한 사람을 한두 번 훈계한 후에 멀리하라"(딛 3:9~10)

적용하기 : 당신이 생각하기에 참된 신앙을 훼방할 수 있는 일이 있습니까? 그것을 어떻게 해야 하겠습니까?

❷ 환경의 피부병을 조심하라.

핵심구절 : "그 의복에나 가죽에나 그 날에나 씨에나 가죽으로 만든 모든 것에 병색이 푸르거나 붉으면 이는 나병의 색점이라 제사장에게 보일 것이요 제사장은 그 색점을 진찰하고 그것을 이레 동안 간직하였다가 이레 만에 그 색점을 살필지니 그 색점이 그 의복의 날에나 씨에나 가죽에나 가죽으로 만든 것에 퍼졌으면 이는 악성 나병이라 그것이 부정하므로 그는 그 색점 있는 의복이나 털이나 베의 날이나 씨나 모든 가죽으로 만든 것을 불사를지니 이는 악성 나병인즉 그것을 불사를지니라"(레 13:49~52)

의복에 곰팡이가 피면 당연히 그 옷은 태우거나 빨거나 버려야 합니다. 당시에 의복은 오늘날처럼 쉽게 버릴 수 있는 흔한 것이 아니기 때문에 의복을 태워버리는 일은 가볍게 생각할 일은 아닙니다만, 그럼에도 이것을 제사장이 진단하여 폐기할 것인가를 결정하게 하심으로써 죄 자체와 함께 환경까지도 정하게 해야 함을 말씀하고 계십니다. 우리 그리스도인들은 마치 곰팡이에 오염된 옷을 입고 있는 것처럼 죄에 둘러싸여 살고 있습니다. 하나님의 거룩하심까지 도달하지 못하면 모든 것이 죄라는 말이 아닙니다. 인간의 육신을 입고 있는 이상 모든 것을 육신대로 생각하고 행동하는 것이 자연스럽다는 말입니다. 믿음은 그런 세상의 원리와 흐름을 거슬러 올라가야 하는 것이기 때문에 모든 것이 죄라고 할 수밖에 없습니다. 곧 죄란 하나님의 창조섭리와 예수님의 대속하시는 흐름을 거슬리는 모든 사상과 행위를 말하는 것입니다.

구약 백성들은 때때로 의복에 오염된 것을 제사장이 진단하고 처리했지만, 현대 그리스도인들은 입고 사는 옷 자체가 죄와 관련되어 있다는 말입니다. 우리는 무엇으로 이 옷을 빨아야 하겠습니까? 십자가에서 흘리신 예수님의 피로 씻어내야 합니다. 물론 이 것은 상징이라고도 할 수 있습니다만 영적으로 보면 오히려 이것이 실체입니다. 우리가 십자가로 돌아가서 주님과 함께 다시 못 박히지 못하면 또다시 의복이 곰팡이에 노출될 것입니다. 곰팡이가 생긴 옷에도 하나님의 거룩하심을 입어야 하는 것처럼 우리는 십자가 아래로 가서 못 박히고 매달림으로써 환경의 청결을 유지해야 합니다.

"형제들아 내가 그리스도 예수 우리 주 안에서 가진 바 너희에 대한 나의 자랑을 두고 단언하노니 나는 날마다 죽노라"(고전 15:31)

적용하기 : 당신의 환경은 영적 청결을 유지하기에 적합합니까? 무엇이 문제라고 생각합니까?

하나님의 마음

하나님은 광야에서 살아가는 백성들이 모든 면에서 거룩하기를 원하십니다.
하나님의 마음과 어긋나는 삶이나 환경이 무엇인지를 스스로 점검하시기 바랍
니다.

오늘 받은 은혜

전체적으로 당신이 받은 은혜와 느낌을 기록해보십시오.

실천을 위한 도전 (기도하여 성령님의 인도하심을 받으십시오.)

육체적, 환경적, 영적으로 피부병과 같은 현상을 발견하고 우선 한 가지를 선
택하여 고쳐나가시기 바랍니다.

본문 개론

나병환자였던 한 사람이 격리와 청결로 치료되었다고 할 때 그 환자는 곧바로 사회 속으로 돌아올 수 있는 것이 아니었습니다. 예수님도 나병 환자 열 명을 치료하신 후에 제사장에게 가서 네 몸을 보이라고 하셨습니다(눅 17:14). 사회로 복귀하기 전에 반드시 정결하게 하는 예식을 거치도록 했습니다. 이것은 단순한 정결예식이 아니라 그의 나병이 정말로 완치되었는가를 신중하게 진단하는 과정이기도 했습니다. 7일 동안 장막 밖에서 정결례를 행하고 나서 몸의 털을 모두 밀어서 남은 질병이 없는가를 확인받고, 8일째에 속건제를 드림으로써 완전히 회복할 수 있었습니다. 가옥을 정결하게 하기 위해서는 먼저 7일 동안 집을 폐쇄하고 그 후에 진단하고 치유되지 않았으면 증상 있는 돌들을 성 밖 부정한 곳에 버리고, 그래도 사라지지 않으면 집 자체를 헐어서 성 밖으로 치워버리는 것입니다. 다만 사람과는 달리 가옥의 경우에는 제사나 제물이 없었습니다.

본문 적용

단지 나병에 걸렸다가 치유 받은 사람을 위한 제사인데 마치 제사장 위임식 때처럼 오른쪽 귓부리와 오른쪽 엄지손가락과 오른쪽 엄지발가락에 제물의 피를 바르는 것은 의아하게 생각될 수 있을 것입니다. 청결함을 받은 사람은 귀로 하나님의 음성을 듣고 손으로 의로운 일을 하며 발로 하나님의 길로만 걸어야 한다는 의미인데, 나병에서 놓임 받은 사람은 사회에서나 하나님과의 관계에서 새로운 생명을 얻은 것이나 마찬가지이기 때문이라고 할 수 있습니다. 나병환자들은 이렇게 복잡한 과정을 거쳐서 정결함을 인정받았지만 나병과 같이 죄에 뿌리를 두었던 우리는 이런 과정 없이 정결함을 받은 사람들입니다. 물론 우리들 대신 예수님께서 이런 모든 고통과 버림을 받으셨기 때문입니다. 단지 나병으로만 본장을 읽지 말고 우리의 죄의 질병으로 읽는다면 훨씬 더 큰 은혜가 임할 것입니다.

➊ 새 두 마리

핵심구절 : "제사장은 그 정결함을 받을 자를 위하여 명령하여 살아 있는 정결한 새 두 마리와 백향목과 홍색 실과 우슬초를 가져오게 하고 제사장은 또 명령하여 그 새 하나는 흐르는 물 위 질그릇 안에서 잡게 하고 다른 새는 산 채로 가져다가 백향목과 홍색 실과 우슬초와 함께 가져다가 흐르는 물 위에서 잡은 새의 피를 찍어 나병에서 정결함을 받을 자에게 일곱 번 뿌려 정하다 하고 그 살아 있는 새는 들에 놓을지며"(레 14:4~7)

피부병이 정한 것으로 판명되면 하나님은 정결례를 통하여 회복해주십니다. 속죄제, 속건제, 번제, 소제를 모두 요구하십니다. 특별히 다른 제사법과는 달리 피부병의 정결례에는 정결한 새 두 마리가 필요합니다. 이것은 진영 바깥에서 행하는 예식인데, 한 마리는 흐르는 물 위 항아리에서 잡아서 그 피를 찍어 일곱 번을 뿌리고, 다른 새 한 마리는 그대로 놓아주어 들판으로 자유롭게 날아가게 합니다. 집에 곰팡이가 생겼다가 회복되었을 때에도 동일한 예식을 행해야 하는데 이때에는 새를 놓아줌으로써 그 집을 위하여 속죄하는 것이라고 설명해 주셨습니다(14:53). 결국 새 한 마리의 피로 피부병이나 집안의 곰팡이에 대한 속죄를 하는 것이고, 살아있는 새 한 마리를 날려 보내는 것은 사람의 죄가 깨끗하게 된 것을 뜻하기도 하고 또 사람의 죄가 새가 멀리 날아가 버리듯이 그렇게 멀어졌다는 의미도 되는 것입니다.

우리는 지금 마치 새 두 마리를 양손에 들고 있는 사람과도 같습니다. 성경에서 말하는 의미와 차이가 있을 수 있지만 죄 때문에 죽는 새와 죄에서 자유롭게 되어 날아가는 새와 같습니다. 우리 죄 때문에 죽는 새는 그리스도 예수님의 십자가 피 흘림을 의미하고 자유롭게 날아간 새는 우리의 죄가 멀리멀리 도망간 것과 같은 의미와 또 죄에서 자유롭게 되어 모든 속박을 벗어버리는 의인을 뜻한다고 할 수 있습니다. 그리고 우리의 양손에는 여전히 두 마리의 새가 놓여있는데, 그것은 우리가 죽는 새가 될 때 이웃은 살아날 수 있다는 것을 뜻한다고 하겠습니다. 우리가 작은 예수이기 때문입니다.

"둘째는 이것이니 네 이웃을 네 자신과 같이 사랑하라 하신 것이라 이보다 더 큰 계명이 없느니라"(막 12:31)

적용하기 : 하나님은 세심하게 우리를 사랑하십니다. 우리도 세심하게 이웃을 사랑해야 합니다. 당신은 이웃을 마치 당신 자신을 사랑하는 것처럼 사랑한 적이 있습니까? 왜 사랑하지 못했습니까?

❷ 주택의 청결

핵심구절 : "내가 네게 기업으로 주는 가나안 땅에 너희가 이를 때에 너희 기업의 땅에서 어떤 집에 나병 색점을 발생하게 하거든 그 집 주인은 제사장에게 가서 말하여 알리기를 무슨 색점이 집에 생겼다 할 것이요 제사장은 그 색점을 살펴보러 가기 전에 그 집안에 있는 모든 것이 부정을 면하게 하기 위하여 그 집을 비우도록 명령한 후에 들어가서 그 집을 볼지니 … 그 집을 폐쇄한 날 동안에 들어가는 자는 저녁까지 부정할 것이요 그 집에서 자는 자는 그의 옷을 빨 것이요 그 집에서 먹는 자도 그의 옷을 빨 것이니라"(레 14:34~36, 46~47)

의복의 정함을 위해서 애를 쓰는 것처럼 집에 대해서도 그렇게 하라는 말씀입니다. 어떤 생물이든지 집과 같은 의미의 서식처가 다 있습니다. 특히 인간은 자신이 살 집을 주변 환경에 따라 다양하게 지어서 살 수 있는 존재들입니다. 만약에 집이 없다면 그냥 들판이나 바닷가에서 추위와 더위, 비바람과 눈보라, 다른 사람들의 침범, 야생동물들의 공격에 그대로 노출됩니다. 그래서 집이 곧 사람입니다. 그런데 집에 곰팡이가 퍼지고 세균이 공격한다면 그런 집은 차라리 없는 편이 나을 것입니다. 그래도 그런 경우가 생기기 때문에 피부병에 대한 규례를 만드실 때에 포함시키신 것입니다. 집은 마치 우리의 몸과 같은 기능을 합니다. 집은 포근하고 아늑하고 육신의 천국과도 같아야 합니다. 누구나 자기 집으로 들어가면 편안함을 느낍니다. 그러므로 하나님께서 제사장으로 하여금 진단하고 조치하고 정결례를 지내게 하신 것입니다.

오늘날 집은 마치 교회와도 같은 의미를 던져줍니다. 물론 건물로서의 교회가 아닙니다. 공동체로서의 교회를 말하는 것입니다. 교회의 개념이 무너지고 있고 또 본래의 교회로서의 기능을 감당하지 못하여 세상에 공격거리를 던져주고 있지만, 그것은 교회를 구성하는 성도나 지도자의 연약함과 부족함 때문이지 교회 자체의 문제 때문이 아닙니다. 교회는 마치 광야에서 주택에 곰팡이가 생긴 것과도 같은 위기를 맞이하고 있습니다. 곰팡이가 약할 때에는 돌을 빼고 흙을 긁어서 다시 채우도록 하지만, 심할 경우에는 아예 집 자체를 헐고 모든 재료들을 성 밖으로 가져다가 부정한 곳에 버려야 합니다. 오늘날 교회는 어떤 곰팡이에 오염되었을까요? 성 공주의, 번영신학, 세속주의, 종교통합주의, 기복신앙의 곰팡이가 퍼져있습니다. 벌써 오래 전부터 그랬습니다. 전부 가져다버려야 할 것들입니다. 그 후에 정결례를 드려야 합니다.

"만일 내가 지체하면 너로 하여금 하나님의 집에서 어떻게 행하여야 할지를 알게 하려 함이니 이 집은 살아 계신 하나님의 교회요 진리의 기둥과 터니라"(딤전 3:15)

적용하기 : 교회에 대한 개념을 공동체로 인식하고 있습니까? 공동체가 더 건강해지고 아름다워지기 위해 당신이 할 수 있는 역할을 생각해 보십시오.

하나님의 마음

하나님은 피부병이나 옷과 주택의 곰팡이가 깨끗해질 때에는 반드시 하나님 앞과 사람 앞에 의식을 거행하도록 하십니다. 당신은 새 마음을 가질 때 어떤 의식을 거칩니까?

오늘 받은 은혜

전체적으로 당신이 받은 은혜와 느낌을 기록해보십시오.

실천을 위한 도전 (기도하여 성령님의 인도하심을 받으십시오.)

최상의 선택은 피부병이나 곰팡이가 생기지 않도록 하는 것입니다. 혹시 의심되는 부분이 있으면 한 가지만 점검해보고 정결케 하기 바랍니다.

15
부정한 유출병에 관하여
레위기 15:1~33

본문 개론

　　본장에서는 남녀의 생식기에서 유출되는 현상들에 대해서 각각 남자의 부정하거나 정상적인 경우와 여자의 정상적인 것과 비정상적인 경우에 대해서 규례를 만들어 주십니다. 이미 음식의 정함과 부정함에 대해서 명령하셨고, 피부나 주거환경 속에서 드러날 수 있는 일반적인 피부병과 치명적인 나병에 관해서 명령하셨으며, 본장에서는 성적인 현상과 관련되는 부정한 것에 대해서 명령하심으로써 인간의 실제 삶 속에서 긴밀하게 이루어지는 모든 정결함의 마무리를 하시는 것입니다. 어느 경우에나 정상적인 유출에 관해서는 물로 깨끗하게 씻어야 하며 저녁까지 기다리면 부정한 것이 해제가 되지만, 비정상적인 유출, 곧 부정한 유출의 경우에는 산비둘기 두 마리나 집비둘기 새끼 두 마리를 가져다가 속죄제와 번제를 드려야만 했습니다. 이런 모든 정결에 관한 규례는 성막을 더럽히지 못하게 하기 위한 것이라고 결론을 내리고 있습니다.

본문 적용

앞장에서의 나병에 관한 명령은 겉으로 드러나기 때문에 숨길 수가 없었고 또 나병이 확인되면 스스로 옷을 찢고 머리를 풀며 사람을 보면 윗입술을 가리고 "부정하다! 부정하다!" 외쳐야 했습니다. 그러나 유출병은 숨기고 있으면 아무도 알 수 없는 부정입니다. 하지만 하나님은 은밀하게 숨기는 모든 것을 다 아십니다. 그리스도인은 겉으로 드러나는 언행에 대해서도 부정하지 않도록 조심해야 하고 늘 회개하면서 정결을 유지하도록 노력해야 하지만, 그 이상으로 내면에서 생기는 영적 부정에 대해서도 세밀하게 느끼고 회개함으로써 안팎으로 모두 정결한 상태를 유지하도록 해야 할 것입니다. 내적인 정결을 유지하지 못하고 외적인 정결에만 주의를 기울인다면 그것은 하나님이 아니라 사람에게 보이려고 행하는 방향으로 흘러가기 쉽습니다. 물론 본문에 나오는 유출병에 관한 규례는 오늘날 문자 그대로 적용되는 것은 아닙니다. 알다시피 우리가 구약의 명령을 그대로 따라가는 것은 아니지만 그 원리만은 구약이나 신약이나 똑같습니다. 특히 구약성경을 읽을 때 영적원리를 찾으려고 애를 써야 할 것입니다.

❶ 근처에도 가지 말라.

핵심구절 : "유출병 있는 자가 눕는 침상은 다 부정하고 그가 앉았던 자리도 다 부정하니 그의 침상에 접촉하는 자는 그의 옷을 빨고 물로 몸을 씻을 것이며 저녁까지 부정하리라 유출병이 있는 자가 앉았던 자리에 앉는 자는 그의 옷을 빨고 물로 씻을 것이요 저녁까지 부정하리라 유출병이 있는 자의 몸에 접촉하는 자는 그의 옷을 빨고 물로 몸을 씻을 것이며 저녁까지 부정하리라 유출병이 있는 자가 정한 자에게 침을 뱉으면 정한 자는 그의 옷을 빨고 물로 몸을 씻을 것이며 저녁까지 부정하리라 유출병이 있는 자가 탔던 안장은 다 부정하며" (레 15:4~9)

유출병은 남녀의 생식기에서 흘러나오는 모든 종류의 분비물을 말합니다. 정상적인 부부관계에서 생기는 사정이나 여인의 생리현상도 부정하다고 하십니다. 하지만 이때에는 하루 동안 또는 7일 동안만 부정하고 그 후에는 정결해지는 것으로 간주합니다. 그러나 남자의 유출병과 여인의 혈루증은 아마도 성적인 관계가 되기 때문에 정결례를 행해야 깨끗해집니다. 그런데 이런 부정한 현상이 나타나면 그 사람과 접촉한 모든 사람과 사물도 전부 부정하게 된다고 합니다. 그 사람이 앉거나 누운 자리와 침이 묻거나 접촉한 사람도 부정해지고 그렇게 접촉한 사람은 반드시 옷을 빨고 몸을 씻도록 해놓으셨습니다. 그리고 나타나는 유출병의 현상에 따라 속죄제와 번제를 드리도록 했습니다.

이스라엘 백성들에 대한 하나님의 기준은 무조건 거룩입니다. 하나님께서 이방인과의 전쟁에서 진멸을 명하실 때가 있습니다. 아무것도 모르는 어린아이들과 심지어 짐승들까지 전부 죽이라고 하십니다(삼상 15:3). 그렇게 잔인하게 명하시는 까닭이 무엇이겠습니까? 이스라엘의 거룩성이 훼파되기를 원치 않으시기 때문입니다. 깨끗한 옷에 오염된 것이 한 방울이라도 튀면 그 옷을 다시 빨아야 합니다. 거룩성이 사라진 이스라엘은 더 이상 이스라엘이 아닙니다. 거룩성이 없다면 그것은 이방인이나 마찬가지인 것입니다. 그래서 하나님은 과도하다 싶을 정도로 정결하기를 명하시는 것입니다.

"너희가 쫓아낼 민족들이 그들의 신들을 섬기는 곳은 높은 산이든지 작은 산이든지 푸른 나무 아래든지를 막론하고 그 모든 곳을 너희가 마땅히 파멸하며 그 제단을 헐며 주상을 깨뜨리며 아세라 상을 불사르고 또 그 조각한 신상들을 찍어 그 이름을 그 곳에서 멸하라"(신 12:2~3)

적용하기 : 오늘날 물리적으로 광야시대와 같은 것은 아닙니다. 그러나 자연적, 일상적인 일에서도 정결해야 할 것을 말씀하십니다. 혹시 일반적인 삶 속에서 정결하지 못한 부분이 있습니까?

❷ 성막을 더럽히는 일

핵심구절 : "너희는 이와 같이 이스라엘 자손이 그들의 부정에서 떠나게 하여 그들 가운데에 있는 내 성막을 그들이 더럽히고 그들이 부정한 중에서 죽지 않도록 할지니라 이 규례는 유출병이 있는 자와 설정함으로 부정하게 된 자와 불결기의 앓는 여인과 유출병이 있는 남녀와 그리고 불결한 여인과 동침한 자에 대한 것이니라"(레 15:31~33)

각종 유출병이 있는 사람은 여호와의 성막을 더럽히는 것이라고 하십니다. 부부관계나 여자의 생리현상은 모든 백성 가운데 날마다 수없이 행해지는 것인데, 남자의 사정은 저녁까지 부정하고 여인의 월경은 7일 동안 부정하다고 합니다. 30분의 7이 부정한 날인 것입니다. 그렇다면 적어도 모든 백성들 중 10% 이상 되는 수십만 명이 전부 부정한 상태에 있는 것이 됩니다. 거기에 정결례를 행해야 하는 유출병이 생긴 사람들까지 합하고, 또 피부병이 있는 사람들과 옷이나 집에 곰팡이가 있는 사람들과 그 모든 경우에 그런 사람들과 접촉한 사람들도 전부 부정합니다. 그렇게 따지면 대략 20% 정도의 부정한 백성들과 함께 살고 있는 것이 됩니다. 하나님께서 성막이 더럽혀지는 것을 강하게 경고하실 만하지 않겠습니까?

사실 우리 신앙인들이라 할지라도 완벽하게 정결한 상태에서 살 수만은 없습니다. 어떻게 하나님 앞에 완전하겠습니까? 아무리 예배를 잘 드리고 기도하고 회개하고 몸에 부정한 일을 하지 않는다고 해도 하나님의 의와는 비교조차도 될 수 없습니다. 예수 그리스도로 인하여 하나님께서 의롭다고 하셨기 때문에 의인이라 '칭함'을 받은 우리들입니다. 다만 그렇기 때문에 그 어떤 경우에도 우리의 의를 자랑하거나 자기 의에 빠져서는 안 됩니다. 그렇게 되면 그것은 피부병이나 유출병과도 같아지게 됩니다. 자기공로를 자랑하거나 자기 힘으로 성공한 것처럼 여긴다거나 하나님께서 주신 은사를 활용하여 다른 사람을 지배하게 된다면 그것은 전부 피부병이나 유출병처럼 부정한 것이 되고 맙니다. 그것은 전부 성막을 더럽히는 것과 같아지는 것입니다. 하나님은 영적 피부병, 유출병을 금지하십니다.

"서기관들과 바리새인들이 모세의 자리에 앉았으니"(마 23:2)

적용하기 : 당신은 스스로를 의롭다고 생각하거나 의인의 위치에서 다른 사람을 책망하거나 비판한 적이 없었습니까? 깊이 판단해보고 마치 구약의 정결례처럼 자신에게 적용해보십시오.

하나님의 마음

하나님은 정상적인 부부관계나 생리현상을 죄라고 하지는 않으십니다. 그러나 몸의 바깥으로 배출되는 자연현상이 부정할 수는 있습니다. 이제 어떤 점에 조심해야 하겠습니까?

오늘 받은 은혜

전체적으로 당신이 받은 은혜와 느낌을 기록해보십시오.

실천을 위한 도전 (기도하여 성령님의 인도하심을 받으십시오.)

구약과 같은 것은 아니지만, 원리적으로 유출병에 해당되는 모습을 보인 적이 있다면 한 가지만 결단하여 금해보십시오.

본문 개론

본장은 레위기 전체의 중심을 이루고 있는 대속죄일 규례의 내용입니다. 대속죄일은 1년에 단 한 번 대제사장이 지성소에 들어가 이스라엘 백성들 전체의 죄를 구속하기 위하여 특별한 속죄제를 드리는 절기입니다. 이스라엘 백성들은 평소에도 죄를 지었을 때 속죄제와 속건제를 드렸지만 그것은 백성들 개인의 죄에 대한 제사였고, 대속죄일에 드리는 속죄제는 백성들의 무의식적인 죄를 포함하여 이스라엘 전체를 대상으로 드리는 속죄제였으므로 그 의미와 무게에 큰 차이가 있었습니다. 기본적으로 속죄소(지성소)에 출입할 수 있도록 제사를 드려야 했고, 대제사장을 위한 속죄제를 드리고, 마지막으로 백성들을 위한 속죄제를 드려야 했는데 하나님은 숫염소 두 마리를 택하여 한 마리는 백성들의 죄악을 씻어내는 속죄제에 쓰시고 다른 한 마리(아사셀 염소)는 그 죄악을 감당하도록 산 채로 광야에 내보내어 죽게 함으로써 대속죄일의 모든 과정을 마치게 하셨습니다. 특히 대속죄일에는 백성들에게 금식을 명하셨습니다.

본문 적용

대속죄일의 모든 규례를 살펴보면 마치 그리스도께서 우리 죄를 위하여 십자가에서 죽으신 것이 생각날 것입니다. 물론 당연히 대속죄일의 모든 절차는 예수님께서 우리 죄를 위하여 죽으신 것을 예표합니다. 예수님께서 구약의 대속죄일을 완성하셨다는 말입니다. 본장을 통해서는 죄의 보편성과 편재성에 대한 무서운 경각심을 가져야 할 것입니다. 대제사장이든 일반 백성이든 예배에 사용되는 도구이든 모든 것이 공동체의 죄에 오염되어 있습니다. 레위기 전체의 강조점은 바로 모든 영역의 정결함입니다. 하나님의 영광과 임재의 장소인 지성소에 들어가는 길은 대속죄일에 드리는 속죄제 외에는 다른 방법이 없듯이 인간의 모든 죄를 속하는 길은 오직 그리스도의 뿌려진 피의 길이 유일합니다. 그리스도의 십자가의 피는 매년 드릴 필요도 없고 이스라엘 백성들에 국한된 것도 아닙니다. 다만 수송아지와 염소와 양의 피가 곧 우리의 모든 추악한 죄라는 사실을 느낄 수 있기를 바랍니다.

❶ 공동체의 구원

핵심구절 : "너희는 영원히 이 규례를 지킬지니라 일곱째 달 곧 그 달 십일에 너희는 스스로 괴롭게 하고 아무 일도 하지 말되 본토인이든지 너희 중에 거류하는 거류민이든지 그리하라 이 날에 너희를 위하여 속죄하여 너희를 정결하게 하리니 너희의 모든 죄에서 너희가 여호와 앞에 정결하리라 이는 너희에게 안식일 중의 안식일인즉 너희는 스스로 괴롭게 할지니 영원히 지킬 규례라 … 이는 너희가 영원히 지킬 규례라 이스라엘 자손의 모든 죄를 위하여 일 년에 한 번 속죄할 것이니라 아론이 여호와께서 모세에게 명령하신 대로 행하니라" (레 16:29~31, 34)

유월절을 지낸 후 6개월을 넘기는 시점에서 하나님은 이스라엘 백성 전체를 위한 대속죄일을 명하셨습니다. 대속죄일은 대제사장이 모든 백성을 대표하여 1년에 단 한 번 언약궤가 있는 지성소로 들어가는 날인데, 대제사장이라고 하더라도 함부로 언약궤 위의 속죄소를 볼 수가 없어서 향을 피워 그 연기로 가려져 속죄소를 똑바로 바라볼 수 없도록 하였습니다(16:13). 그렇지 않고 맨눈으로 속죄소를 보면 죽게 되어 있습니다(16:2). 또한 지성소로 들어가는 목적은 그 속죄소에 속죄제물의 피를 뿌림으로써 모든 백성들의 총체적인 죄를 씻음 받도록 하시는 것입니다. 그래서 제사장을 위해서는 수송아지의 피를, 모든 백성들을 위해서는 염소의 피를 속죄소 위에 뿌리고 그 앞에 일곱 번 뿌리도록 했던 것입니다(16:14~15). 대속죄일은 언약궤 위에 덮인 속죄소에 피를 뿌림으로써 모든 백성들의 죄, 곧 공동체의 죄를 깨끗하게 만드는 날이었습니다.

나머지 모든 제사의 규례는 전부 개인의 죄와 허물에 대한 것이지만 이 속죄일에는 심지어 제사와 관련해서는 유일하게 온 백성에게 금식하라는 명령을 내리심으로써(16:29) 공동체의 구원에 대해서 명하셨습니다. 오늘날 구원은 당연히 개인구원이지만 공동체의 구원은 개인의 구원의 테두리이며 뿌리로서의 기능을 감당한다고 할 수 있을 것입니다. 공동체가 부정하면 그 속에 존재하는 개인의 정함도 보장할 수 없습니다. 전체가 오염되는 것이기 때문입니다. 개인의 속죄와 정결을 끊임없이 명하시는 것도 공동체의 정함을 훼방하는 개인의 부정이 생기지 않도록 하시는 것입니다.

"유대인에게나 헬라인에게나 하나님의 교회에나 거치는 자가 되지 말고 나와 같이 모든 일에 모든 사람을 기쁘게 하여 자신의 유익을 구하지 아니하고 많은 사람의 유익을 구하여 그들로 구원을 받게 하라"(고전 10:32~33)

적용하기 : 당신의 연약함이 공동체의 부정함으로 연결되어 있다는 생각을 했습니까? 어떻게 교회를 건강하게 만들겠습니까?

❷ 광야로! 광야로!

핵심구절 : "아론은 여호와를 위하여 제비 뽑은 염소를 속죄제로 드리고 아사셀을 위하여 제비 뽑은 염소는 산 채로 여호와 앞에 두었다가 그것으로 속죄하고 아사셀을 위하여 광야로 보낼지니라 … 아론은 그의 두 손으로 살아 있는 염소의 머리에 안수하여 이스라엘 자손의 모든 불의와 그 범한 모든 죄를 아뢰

고 그 죄를 염소의 머리에 두어 미리 정한 사람에게 맡겨 광야로 보낼지니 염소가 그들의 모든 불의를 지고 접근하기 어려운 땅에 이르거든 그는 그 염소를 광야에 놓을지니라"(레 16:9~10, 21~22)

앞 장에서 피부병에서 정하게 되었을 때 비둘기 두 마리를 드려 한 마리를 속죄제로 잡아 드리고 다른 한 마리는 백향목과 홍색 실과 우슬초와 함께 가져다가 죽은 비둘기의 피를 일곱 번 뿌리고 들판으로 날려 보내는 것과 같은 이치입니다. 다만 비둘기 두 마리는 개인의 정결예식에 사용한 것이고 본문의 염소는 대속죄일에 모든 백성들을 위하여 사용했다는 것이 차이점일 것입니다. 공동체의 정결을 위하여 염소 두 마리를 필요로 했고, 제비를 뽑아 속죄제물로 드릴 염소를 바치고 살아있는 염소에게는 안수하여 백성들의 죄를 염소의 머리에 두고, 염소는 모든 불의를 지고 접근하기 어려운 광야에까지 가지고 가서 놓아주라고 하셨습니다. 광야로 데리고 가서 무엇을 기대할 수 있을까요? 광야의 낭떠러지에서 떨어뜨리는 것이라는 말도 있고 또는 야생동물의 먹이로 만드는 것이라는 말도 있습니다만, 어찌 되었든 아사셀 염소는 우리의 모든 죄를 짊어지시고 십자가에서 죽으신 그리스도를 상징하는 것입니다. 예수님은 일단 죽음의 권세를 가지고 있는 마귀에게 패배하신 것이지만 그렇게 하셔야 우리의 죄가 씻어질 수 있기 때문입니다.

광야는 마귀의 통치가 이루어지고 있는 곳입니다. 성막과 울타리로 보호되고 있고 여호와 하나님께서 다스리시는 백성들의 현실과는 전혀 반대되는 곳입니다. 하나님 안에서도 정결함을 유지하지 못한다면 그 사람은 광야에 있는 것과 같은 것입니다. 꼭 물리적으로 광야만 광야인 것은 아니고 심령의 광야, 마음의 광야, 영적인 광야, 목적의 광야 등 광야는 얼마든지 언제 어느 곳에서나 발생할 수 있습니다. 그런데 인간의 속성은 지금도 자꾸 광야로 광야로 나아가려고 합니다. 그래서 대속죄일을 정하여 아사셀 염소를 만들어 우리대신 광야로 보내는 것이 아닙니까? 매년마다 반복하여 아사셀 염소는 광야로 나갑니다. 우리에게는 예수님이 아사셀 염소이십니다.

"하나님이 죄를 알지도 못하신 이를 우리를 대신하여 죄로 삼으신 것은 우리로 하여금 그 안에서 하나님의 의가 되게 하려 하심이라"(고후 5:21)

적용하기 : 당신은 자꾸 광야로 나가고 싶을 때 어떻게 합니까? 당신에게 있어서 아사셀 염소는 무엇입니까?

하나님의 마음

죄를 깨달을 때마다 수시로 속죄제와 속건제를 드리지만 곳곳에 숨어있는 사소한 죄나 감추어진 죄까지 깨끗하게 하시는 하나님이십니다. 당신의 대속죄일은 얼마나 자주 있습니까?

오늘 받은 은혜

전체적으로 당신이 받은 은혜와 느낌을 기록해보십시오.

실천을 위한 도전 (기도하여 성령님의 인도하심을 받으십시오.)

그리스도인은 그래서 다른 사람의 죄까지 생각하는 사람들입니다. 당신이 품을 수 없는 다른 사람의 죄가 생각나면 한 사람만 용서하고 짊어지시기 바랍니다.

17
값진 생명의 주권
레위기 17:1~16

본문 개론

제사는 생명을 대신 드리는 짐승의 피가 필요했지만 하나님은 단지 짐승들을 잡아먹기 위해서만 죽일 수 없었고 우선적으로 여호와께 먼저 바쳐 피와 기름을 제거하도록 하셨습니다. 짐승을 죽이는 것은 모두 제사의 의미가 있었던 것입니다. 그래서 동물의 피 제사를 드리면서 그것을 다른 목적을 위해서, 곧 창기나 다른 신에게 음란하게 섬기는 것은 죽음을 불러오는 우상숭배인 것입니다. 하나님은 하나님과 백성들 사이에 완전한 사랑의 관계가 성립되고 지속되기를 원하시는데 하나님을 향한 사랑을 빼앗아갈 수도 있는 거짓 신들을 용서하지 않으십니다. 아울러 피를 먹지 말라고 하시는 것은 피가 모든 생명을 대표하는 것이기 때문이었습니다. 남의 피를 흘리는 것은 가증한 죄였습니다. 하나님만이 생명을 주실 수 있고 하나님만이 생명을 거두어 가실 수 있는 것입니다.

본문 구성

가축을 화목제로 드리고 먹으라.   (1~6)
숫염소에게 제사하지 말라.   (7~9)

동물의 피를 먹지 말라.   (10~16)

가축을 먹기 위해서 잡을 때에도 회막 문에 나와서 피를 제단 앞에 뿌리고 기름을 불살라 화목제로 드리고 난 후에 먹을 수 있었습니다. 피는 생명입니다. 생명은 하나님의 것입니다. 그래서 생명을 처리하는 과정은 굉장히 중요합니다. 제사는 기본적으로 짐승의 피로 드리는 것이기 때문입니다. 물론 우리는 그리스도의 피로 모든 죄를 사함 받았습니다. 따라서 구약의 피의 규정이 오늘날에도 적용되는 것은 아니지만 우리가 예수님의 피로 구원받았다는 사실은 여전히 피의 규정이 영적인 의미로 살아있다는 것을 말씀하는 것입니다. 우리가 비록 믿음으로 구원받게 되지만 믿는 것은 그리스도의 피가 아닙니까? 우리는 그리스도의 피로 인하여 하나님께 나아갈 수 있고 그 피로 말미암아 죄를 씻음 받은 우리의 심령 속에 성령님께서 오신 것입니다. 그리고 악에게 승리할 수 있고 영원한 생명과 영광을 얻을 수 있습니다. 우리의 생명은 예수님의 생명으로부터 온 것임을 믿는다면 우리도 우리의 생명을 다하여 예수님을 따라가야 할 것입니다.

❶ 여호와께로부터 온 것

핵심구절 : "이스라엘 집의 모든 사람이 소나 어린 양이나 염소를 진영 안에서 잡든지 진영 밖에서 잡든지 먼저 회막 문으로 끌고 가서 여호와의 성막 앞에서 여호와께 예물로 드리지 아니하는 자는 피 흘린 자로 여길 것이라 그가 피를

흘렸은즉 자기 백성 중에서 끊어지리라 그런즉 이스라엘 자손이 들에서 잡던 그들의 제물을 회막 문 여호와께로 끌고 가서 제사장에게 주어 화목제로 여호와께 드려야 할 것이요 제사장은 그 피를 회막 문 여호와의 제단에 뿌리고 그 기름을 불살라 여호와께 향기로운 냄새가 되게 할 것이라"(레 17:3~6)

애굽에서의 430년 동안 백성들은 고기를 먹고 싶으면 마음대로 잡아먹고 따로 제사를 지낼 필요가 없었습니다. 아니면 제사를 지내되 애굽의 풍속을 따라서 형식적으로 제사를 지낼 수도 있었을 것입니다. 그러나 이방나라 애굽에서 벗어나서 성막을 세운 후에는 가축을 마음대로 잡아서 먹지 못하도록 했습니다. 고기를 나누어 먹기 위한 도살도 반드시 제사장을 통하여 회막 문 앞에서 기름과 피를 하나님께 드리고 나서 비로소 그 고기를 여러 사람들이 먹을 수 있도록 한 것입니다. 몇 가지 이유가 있습니다만, 그 중 한 가지를 이야기하자면 모든 음식은 전부 하나님께로부터 온 것이라는 사실을 각인하기 위해서라고 할 수 있습니다. 사실 이런 규례는 광야생활에 국한된 것이기는 합니다. 가나안 정복 이후에는 너무 멀리들 떨어져있어서 일일이 중앙 성소에 와서 잡을 수 없었기 때문입니다. 그렇지만 이 명령은 모든 것을 하나님께 의존해야만 하는 광야백성들에게 긴요한 명령이었습니다.

비록 광야생활에 국한된 것이기는 하지만 가축들도 하나님의 피조물로서 하나님께서 정한 동물로 정해주셨기 때문에 가능한 것입니다. 원래 같은 피조물인 짐승을 먹는 것은 창조질서에는 위배되는 것이지만 타락한 후에 하나님께서 식품으로 주셨습니다. 그러므로 그것은 하나님께로부터 내려온 것입니다. 그래서 하나님께 기름과 피로 화목제를 자원하여 드리고 나머지를 나누는 것이 감사의 표현인 것입니다. 우리의 모든 것은, 심지어 재능이나 성격이나 기질이나 능력까지도 전부 하나님께로부터 온 것입니다. 이것을 망각하면 스스로 교만해져서 감사의 믿음을 가질 수 없게 됩니다.

> "모든 것이 하나님께로서 났으며 그가 그리스도로 말미암아 우리를 자기와 화목하게 하시고 또 우리에게 화목하게 하는 직분을 주셨으니"(고후 5:18)

적용하기 : 짐승을 잡을 때 반드시 성막 앞에서 피와 기름으로 화목제를 드리는 것처럼 당신은 하나님께서 당신에게 허락하신 모든 것에 대해서 어떻게 감사드리고 있습니까?

❷ 우상숭배의 가능성을 차단하라.

핵심구절 : "그들은 전에 음란하게 섬기던 숫염소에게 다시 제사하지 말 것이니라 이는 그들이 대대로 지킬 영원한 규례니라 너는 또 그들에게 이르라 이스라엘 집 사람이나 혹은 그들 중에 거류하는 거류민이 번제나 제물을 드리되 회막 문으로 가져다가 여호와께 드리지 아니하면 그는 백성 중에서 끊어지리라" (레 17:7~9)

사람은 모든 경우에 모든 곳에서 모든 수단을 다하여 우상을 숭배할 가능성이 큰 존재들입니다. 이스라엘 백성들도 마찬가지였습니다. 더구나 이스라엘은 애굽 땅에서 그들의 지배를 받으면서

430년 동안이나 살고 있었습니다. 애굽의 모든 문물과 우상숭배의 요소가 고스란히 침범해 있었을 것입니다. 그러므로 하나님도 그들에게 "전에 음란하게 섬기던 숫염소"라고 지칭하셨던 것입니다. 물론 여호와의 백성들로서 정체성을 지켜내기 위해 많은 노력이 있었을 것입니다. 그럼에도 불구하고 금송아지 사건에서 볼 수 있듯이 우상문화가 널리 퍼져 있었던 것입니다. 이제 그들은 그 애굽에서 나와서 오직 하나님의 인도를 받아 가나안으로 향하고 있는 중입니다. 가나안은 어떤 곳입니까? 그곳에는 애굽보다 더 다양한 우상숭배가 활개를 치고 있습니다. 그러니까 그 우상숭배의 가능성을 아예 잘라버려야 비로소 하나님의 백성으로서 살 수 있게 되는 것입니다.

그런데 가나안을 향하고 있는 광야의 백성들이나 현대를 살아가는 그리스도인들이나 똑같은 상황이라는 사실을 알고 있습니까? 하나님은 지금도 짐승을 잡기 전에 먼저 성막 앞에 가서 화목제를 드릴 것을 요구하고 계십니다. 고기를 먹는 것을 말하는 것이 아닙니다. 짐승은 우리의 물질생활입니다. 생명을 유지하기 위한 수단입니다. 그런데 마치 숫염소를 숭배하는 것처럼 돈을 버는 데 정신이 쏠려있습니다. 모든 것이 하나님께로부터 오는 것이라는 사실을 잊어버리고 스스로가 주인이 되어 더 잘 살려고 합니다. 그것이 우상숭배가 아닙니까? 하나님께로부터 오는 것이라는 사실을 믿는 믿음이 아니라면 전부 자기 능력으로 하는 것입니다. 하나님이 아니라 자기 능력이나 다른 수단이나 권력이나 수를 의지하는 것이 우상숭배가 아닙니까? 항상 먼저 하나님께 감사의 제사를 드려야 합니다.

"감사로 제사를 드리는 자가 나를 영화롭게 하나니 그의 행위를 옳게 하는 자에게 내가 하나님의 구원을 보이리라"(시 50:23)

적용하기 : 그리스도인이 예배와 기도와 찬양을 드리고 말씀을 따르는 목적 중 하나는 모든 우상숭배의 요소를 차단하는 것입니다. 무의식중에라도 하나님이 아니라 다른 것을 의지하지는 않습니까?

하나님의 마음

하나님은 우상숭배를 금하시는 것만큼이나 피에 대한 규례를 지킬 것을 요구하십니다. 피는 영적 생명을 의미합니다. 당신은 영적 생명에 대해 얼마나 관심을 가지고 있습니까?

오늘 받은 은혜

전체적으로 당신이 받은 은혜와 느낌을 기록해보십시오.

실천을 위한 도전 (기도하여 성령님의 인도하심을 받으십시오.)

혹시 하나님보다 앞서려는 경우가 있었습니까? 그런 적이 자주 있다면 한 가지만 선택하여 반드시 하나님을 따라가기로 결단해보십시오.

본문 개론

　앞장까지는 이스라엘 백성들의 신앙규범을 다루고 있다면 본장에서부터는 일상생활규범을 다루게 됩니다. 마치 하나님사랑과 이웃사랑을 풀어서 설명하시는 것 같습니다. 본장에서 다루고 있는 성적인 윤리 도덕은 그 사회의 특수성에 있는 것이 아니라 여호와 하나님의 본성에 있는 것입니다. 애굽에서도 마찬가지이지만 앞으로 들어가서 살아야 할 가나안 땅에는 아마 성적 타락이 극에 달했을 것입니다. 6절부터 나오는 금지사항들은 모두 가나안 족속들에게서 널리 행해지던 성적 타락의 모습입니다. 이스라엘에게 가나안을 주시는 이유 중의 하나가 가나안의 죄악 때문이라는 사실을 생각하면 확실해질 것입니다. 하나님의 거룩하심은 이스라엘 백성들의 이방 나라와의 구별을 통하여 펼쳐집니다. 하나님의 창조질서를 따라 이루어지는 성적 행동은 근본적으로 가정을 통한 종족의 보존과 발전을 위한 신성한 행위이며 성적 행동 이전에 정신적, 영적 결합이 선행되어야 합니다. 현대에 와서는 하나님의 섭리는 거의 망각되어 있는 형편입니다.

이방 풍속을 따르지 말라.   (1~5)

골육지친과 통혼하지 말라.   (6~18)

모든 성적 불결을 금하라.   (19~23)

성적 타락에 대한 형벌   (24~30)

본문 적용

인간은 근본적으로 영적 존재이기 때문에 생명의 신비로움 및 영과 육의 결합에 의한 참사랑의 기쁨이 없다면 인간으로서의 참된 행복의 의미를 찾을 수 없습니다. 이미 이 당시의 애굽과 가나안을 비롯하여 인류문명 속에서 성적인 타락은 끊임없이 인류의 정신을 부패시켜 왔습니다. 현대에 이르러서는 기술문명의 급격한 변화를 따라오게 되는 정신문화의 몰락과 가치관의 혁명을 따라 성적인 인식에 엄청난 변화를 가져왔습니다. 하나님의 성품과 완전히 배치되는 성적인 죄악들은 더 이상 죄악으로 여겨지지 않을 정도까지 되었습니다. 전체적인 분위기가 어느 정도는 영향을 주지 않을 수 없겠으나 그리스도인은 적어도 하나님의 창조섭리 안에서 하나님의 창조에 동역해야 한다는 마음가짐을 가지고 세상과 구별된 거룩함을 유지해야 합니다. 입에 담기도 민망한 본장의 내용들을 생각할 때 더욱 영과 육의 순수함을 유지할 수 있도록 다짐해야 하겠습니다.

❶ 가정 파괴범들

핵심구절 : "너희는 너희가 거주하던 애굽 땅의 풍속을 따르지 말며 내가 너희를 인도할 가나안 땅의 풍속과 규례도 행하지 말고 너희는 내 법도를 따르며 내 규례를 지켜 그대로 행하라 나는 너희의 하나님 여호와이니라 너희는 내 규례와 법도를 지키라 사람이 이를 행하면 그로 말미암아 살리라 나는 여호와이니라"(레 18:3~5)

하나님께서 이스라엘을 출애굽시키시는 여러 목적 중의 하나는 애굽의 풍속에서 자유롭게 하시기 위함이었습니다. 그리고 또다시 이런 규례들을 주시는 목적도 앞으로 가나안에 들어가서 가나안의 풍속을 따르지 못하도록 하시기 위함이었습니다. 그들의 풍속은 성적 타락과 우상숭배였습니다. 그것은 하나님의 창조질서에 정면으로 위배되는 일들입니다. 특히 본장에서 성적 타락에 관해 엄중하게 경고하시는 것은 하나님께서 만들어주신 건강한 가정이 파괴되고 곧바로 우상숭배와 직결되는 것을 막아 이스라엘 백성들로 하여금 거룩하고 아름다운 세상을 누릴 수 있도록 하시기 위함인 것입니다. 이상하게 하나님을 모르는 세상은 거의 비슷한 현상을 나타내는데 특히 하나님을 떠난 이방인들의 세상은 성적인 타락과 그대로 연결되는 것을 봅니다. 그것은 윤리도덕이 아니라 하나님의 거룩하심을 벗어나기 때문입니다. 하나님의 성품이라는 말입니다.

입에 담기도 민망한 근친상간의 풍속들은 하나님께서 허락하신 아담과 하와의 가정과 정 반대의 양상을 보이고 있습니다. 그리고 각종 성적 도착증과 같은 현상들은 역시 우상숭배와 직결되는데 자녀를 몰록에게 주는 것은 아마도 몰렉 신전의 신전창녀로 바치는 것을 의미하는 듯합니다. 이런 행위들은 하나님의 성품과는 배치되는 모습들로, 하나님께서 명하신 규례들과는 전혀 반대방향으로 가는 것입니다. 알다시피 풍속이란 문화의 한 부분이라고 할 수 있는데, 애굽과 가나안에서 행해지던 풍속 등은 시대가 바뀌고 문명이 발전해도 여전히 유사한 양상을 보일 수밖에 없습니다. 동성애나 성적 개방으로 인하여 다양한 성(性)을 주장하고 가정이 파괴되고 결혼을 기피하게 되고 자녀를 낳지 않게 되고 인구가 줄어드는 현상들은 우리가 지금 겪고 있는 현실인 것입니다. 건강한 가정을 회복해야 합니다.

"그와 같이 남자들도 순리대로 여자 쓰기를 버리고 서로 향하여 음욕이 불일듯 하매 남자가 남자와 더불어 부끄러운 일을 행하여 그들의 그릇됨에 상당한 보응을 그들 자신이 받았느니라"(롬 1:27)

적용하기 : 자유와 방종이 개성이며 인권으로 포장되어 있는 세상입니다. 동성애자를 미워하고 차별하라는 말이 아니라 치료하도록 도와주어야 합니다. 당신은 어떻게 생각합니까?

❷ 토하고 끊어지리라.

핵심구절 : "너희 전에 있던 그 땅 주민이 이 모든 가증한 일을 행하였고 그 땅도 더러워졌느니라 너희도 더럽히면 그 땅이 너희가 있기 전 주민을 토함 같이 너희를 토할까 하노라 이 가증한 모든 일을 행하는 자는 그 백성 중에서 끊어

지리라 그러므로 너희는 내 명령을 지키고 너희가 들어가기 전에 행하던 가증한 풍속을 하나라도 따름으로 스스로 더럽히지 말라 나는 너희의 하나님 여호와이니라"(레 18:27~30)

　　하나님의 창조질서와 건강한 가정을 훼방하는 모든 풍속에 대해서 하나님은 어떻게 반응하실까요? 앞에서도 말했지만 가정이 파괴되고 자녀생산이 줄어들며 도덕이 무너지고 문란해져 결과적으로는 자연스럽게 몰락의 길을 가게 되어 있습니다. 소돔성이 그랬습니다. 애굽이 그랬습니다. 앞으로 가나안 땅이 그럴 것입니다. 가나안은 하나님께서 이미 심판하기로 작정하셨습니다. 하나님께서 애굽의 압제를 그냥 두고 보신 이유 중의 하나는 아직 때가 차지 않아서라고 하셨는데 그 '때'는 바로 가나안 아모리 족속의 죄악이 가득 찰 때라고 하셨습니다(창 15:16). 하나님은 그런 현상들을 보시고 구역질이 나서 결국 토해버리십니다. 물론 인간의 세상이 타락하여 하나님의 기쁨이 전혀 되지 못하지만 하나님을 믿는 백성들조차 이런 풍속과 사상들에 노출되어 세상 사람들과 거의 비슷한 모습을 보인다면 하나님은 개인의 구원은 주시겠지만 한 단체나 한 나라를 사용하실 수는 없을 것입니다.

　　지금 우리가 행하고 있는 풍속 중에 세상에 속한 것들이 얼마나 많습니까? 문명과 문화가 발달하면 당장은 세련되어 보이고 멋있고 아름다워 보이지만 그 속에 감추어진 많은 이방 풍속은 우리도 모르는 사이에 우리의 의식을 지배하게 되어 있습니다. 서양문화가 기독교문화입니까? 기독교로부터 출발했지만 그들의 문화는 애굽과 가나안의 문화입니다. 선진국이 되어갈수록 애굽과 가나안의 문화가 우리를 지배할 것입니다. 겉으로 드러나는 형태는 완전히 달라 보일 수도 있을 것입니다. 그러나 하나님의 창조질서와 섭리에 반하는 모든 형태의 인간 문명은 결국 하나님으로부터 토해 내쳐질 것입니다.

"네가 이같이 미지근하여 뜨겁지도 아니하고 차지도 아니하니 내 입에서 너를 토하여 버리리라"(계 3:16)

적용하기 : 당신이 생각하기에 그리스도인으로서 끊어버려야 할 세상 풍속이 있다면 그것은 무엇입니까?

하나님의 마음

하나님은 성적 행위 자체를 혐오하시는 것이 아닙니다. 하나님의 창조질서를 무너뜨리는 행위를 더러워하시는 것입니다. 성적 문제와 관련하여 당신의 생각은 어떻습니까?

오늘 받은 은혜

전체적으로 당신이 받은 은혜와 느낌을 기록해보십시오.

실천을 위한 도전 (기도하여 성령님의 인도하심을 받으십시오.)

성적 타락이나 우상숭배와 관련하여 당신에게 조금이라도 저촉되는 일이 있다면 우선 회개하고 할 수 있는 일부터 먼저 결단하고 행하시기 바랍니다.

19
생활 속에서 거룩하라

레위기 19:1~37

본문 개론

　앞 장에서 성적 도덕을 살펴보면서 공동체 사회의 거룩성을 명하시고 나서 이번 장에서는 일상생활에서의 십계명 준수와 관련된 사항들을 구체적인 실례를 들어가면서 살펴보고 있습니다. 다양한 내용의 이런 명령들을 내리심으로써 성경에 기록되지 않는 일상의 문제들에 대해서 어떤 원칙을 따라 살아야 할지에 대해서 말씀해 주시는 것입니다. 하나님은 정의와 사랑, 진실과 자비에 근거하는 도덕적 원칙을 제시하시는데 그것은 인간들의 지혜나 상황에 따라 주어지는 것이 아니라 하나님의 성품에 근거하는 최종권위에서 나타나는 명령인 것입니다. 따라서 이런 규례들은 시대가 바뀌고 나라가 옮겨지더라도 영속적으로 시행되어야 할 원칙들입니다. 비록 오늘날의 관점으로 보면 낯설거나 적용하기 어려워 보이는 부분이 있더라도 하나님께서 가르쳐 주신 원칙을 따라서 행동할 수 있어야 할 것입니다.

본문 구성

본문 적용

내용이 너무 분산되어 있고 통일성이 없는 것 같아도 하나님과의 관계와 이웃과의 관계에 대한 원리를 하나님의 말씀 안에서 찾아야 할 것입니다. 만약에 오늘날 우리 그리스도인들이 본장에서 주신 이 명령을 그대로 지킨다고 가정해 보십시오. 불가능할까요? 아니요. 전부 가능합니다. 이런 마음, 이런 정신, 이런 사랑을 가지고 이 세상에서 그리스도인으로 살기를 주님께서도 원하실 것입니다. 예수님의 모든 가르침은 어디에 근거하고 있습니까? 전부 구약의 율법과 규례들에 근거를 두신 말씀들입니다. 오히려 바리새인들이 율법의 자구 하나하나에만 신경을 쓰고 실제로는 하나님의 마음을 버리고 진실한 행위를 보이지 못할 때 예수님은 그것을 깨우쳐주셨습니다. 본장을 읽으면서 실제로 적용 가능한 부분을 찾아내어 실천하려고 해야 할 것입니다.

❶ 정직하라.

핵심구절 : "너희는 도둑질하지 말며 속이지 말며 서로 거짓말하지 말며 너
희는 내 이름으로 거짓 맹세함으로 네 하나님의 이름을 욕되게 하지 말라 나
는 여호와이니라 … 너희는 재판할 때나 길이나 무게나 양을 잴 때 불의를 행
하지 말고 공평한 저울과 공평한 추와 공평한 에바와 공평한 힌을 사용하라
나는 너희를 인도하여 애굽 땅에서 나오게 한 너희의 하나님 여호와이니라"
(레 19:11~12, 35~36)

결국 사람을 속이는 것은 하나님을 속이는 것입니다. 하나님께
대한 관계를 기본으로 하는 이웃과의 관계를 살펴볼 때 모든 것은
이스라엘 안에서의 형제관계를 말합니다. 오늘날 이웃사랑이라고
하면 대개 하나님을 모르는 사람들을 대상으로 하기 때문에 성경
과는 다소 차이가 있다는 말입니다. 어쨌든 십계명의 이웃과의 관
계에 대해서 우선 살펴볼 것은 형제들에게 손해를 끼치지 말라는
것입니다. 이웃을 자기 자신과 같이 생각한다면 자신의 거짓이나
속임수로 인하여 이웃이 손해를 보는 일은 절대로 행하지 않을 것
입니다. 상거래이든 돈 문제이든 마찬가지입니다. 물론 자기 자신
에게도 마찬가지여야 할 것입니다. 자신에게 정직하지 못하다면
그것은 오히려 하나님과의 관계를 가려버리게 될 것입니다.

한 걸음 더 나아가서 그리스도인으로서의 정직은 장사나 사업
을 할 때 과다이윤이나 과장광고나 다른 경쟁제품에 대한 비판이
나 모두가 이 정직과 관련되어 있습니다. 가장 소극적인 이웃사랑
이 바로 정직이라는 말입니다. 거짓 맹세가 하나님께 대한 부정이
지만 출발점은 이웃을 속이여 자기 유익을 얻기 위한 것입니다. 정
직한 그리스도인이라면 경제적인 이익을 위하여 거짓이라는 수단

을 사용하지 않을 뿐만 아니라 삶의 질에 대해서도 관심을 가져야 합니다. 다른 사람들보다 지나치게 많은 것을 소유하고 있다면 그것도 정직을 위반한 것이라고 볼 수 있는데, 왜냐하면 원래 하나님은 사람들에게 똑같은 것을 주셨고 공동소유로 주신 것이기 때문입니다. 무조건 무상으로 똑같이 나누어야 한다는 말이 아니라 하나님께서 허락하시는 소유에 대한 기본인식을 품으라는 말입니다. 내가 많이 가지고 있다면 그 중에는 이웃들의 것도 포함되어 있는 것입니다.

"이와 같이 너희 중의 누구든지 자기의 모든 소유를 버리지 아니하면 능히 내 제자가 되지 못하리라"(눅 14:33)

적용하기 : 혹시 일상생활에서 소유이든 일이든 당신의 목적을 위하여 과장된 이야기를 한 적이 없었습니까? 있었다면 어떻게 하겠습니까?

❷ 이웃을 사랑하라.

핵심구절 : "너희가 너희의 땅에서 곡식을 거둘 때에 너는 밭모퉁이까지 다 거두지 말고 네 떨어진 이삭도 줍지 말며 네 포도원의 열매를 다 따지 말며 네 포도원에 떨어진 열매도 줍지 말고 가난한 사람과 거류민을 위하여 버려두라 나는 너희의 하나님 여호와이니라 … 원수를 갚지 말며 동포를 원망하지 말며 네 이웃 사랑하기를 네 자신과 같이 사랑하라 나는 여호와이니라 … 거류민이 너희의 땅에 거류하여 함께 있거든 너희는 그를 학대하지 말고 너희와

함께 있는 거류민을 너희 중에서 낳은 자 같이 여기며 자기 같이 사랑하라 너희도 애굽 땅에서 거류민이 되었었느니라 나는 너희의 하나님 여호와이니라"(레 19:9~10, 18, 33~34)

보통 십계명을 비롯한 모든 율법을 하나님께 대한 계명이라고 생각하겠지만, 사실은 율법은 이웃사랑을 위한 계명입니다. 물론 십계명 중 앞의 4계명까지는 하나님께 대한 계명인 것이 맞습니다. 그러나 나머지 여섯 가지 계명은 하나님사랑의 실천편입니다. 그러니까 이웃사랑은 하나님사랑의 여러 가지 표현방법인 것입니다. 하나님을 사랑한다면 하나님의 마음과 목적과 방식을 충분히 알아야 하는데 이웃사랑이 하나님을 사랑하는 통로라는 말입니다. 오늘날 많은 경우에 교회 안에서의 신앙을 많이 강조합니다만, 그럴 때 많은 사람들은 복음에 대해서 오해하게 될 것입니다. 교회 안에서만 열심히 신앙생활을 하게 되면 오히려 복음을 교회에 가두어버리는 꼴이 될 것입니다.

이스라엘은 법(율법) 자체가 이웃에 대한 배려로 되어 있습니다. 추수할 때 가난한 사람들이나 나그네들이 먹을 수 있도록 전부 베지 않는다거나 면제년을 두어 신분상 손해를 제거한다거나 희년 제도, 도피성 제도, 구제에 대한 규정 등은 전부 이웃에 대한 배려의 법인 것입니다. 이웃사랑은 우리들의 인식 자체가 바뀌어야, 곧 어려운 이웃을 보면 자연스럽게 도와주려는 마음이 생겨야 가능한 것입니다. 이 이웃사랑은 이스라엘 안에서 살고 있는 이방인이나 나그네나 똑같이 배려해야 하는 법이었습니다. 물론 이방인의 종교로 인한 우상숭배와 같은 문제가 생길 때에는 완전히 다른 접근법으로 보아야 합니다만, 기본적으로 어렵거나 문제를 만난 사람들에게는 마치 자기 자신의 문제를 보는 것과 같이 접근해야 하는 것입니다. 그렇게 할 때 이스라엘은 하나님의 나라로서 거룩함을 지킬 수 있게 되는 것입니다. 제사만 철저하게 잘 드린다고 해서 하나님께서 거룩하다고 인정하시는 것은 아닙니다.

"기쁜 마음으로 섬기기를 주께 하듯 하고 사람들에게 하듯 하지 말라"
(엡 6:7)

적용하기 : 당신의 신앙생활을 하나님사랑과 이웃사랑의 비중으로 본다면 몇 퍼센트가 이웃사랑에 해당될까요? 100% 대 100%가 되어야 합니다. 이웃사랑을 어떻게 시작하겠습니까?

❸ 차별하지 말라

핵심구절 : "너는 네 이웃을 억압하지 말며 착취하지 말며 품꾼의 삯을 아침까지 밤새도록 네게 두지 말며 너는 귀먹은 자를 저주하지 말며 맹인 앞에 장애물을 놓지 말고 네 하나님을 경외하라 나는 여호와이니라 너희는 재판할 때에 불의를 행하지 말며 가난한 자의 편을 들지 말며 세력 있는 자라고 두둔하지 말고 공의로 사람을 재판할지며 너는 네 백성 중에 돌아다니며 사람을 비방하지 말며 네 이웃의 피를 흘려 이익을 도모하지 말라 나는 여호와이니라 너는 네 형제를 마음으로 미워하지 말며 네 이웃을 반드시 견책하라 그러면 네가 그에 대하여 죄를 담당하지 아니하리라"(레 19:13~17)

사람들을 억압하고 착취하고 삯을 늦게 주고 장애인을 저주하거나 방해하며 재판을 불의하게 하고 가난한 사람들이나 권력자들을 일방적으로 두둔하고 이웃의 피를 흘려 자기 이익을 도모하는 것 등은 이웃사랑과는 정 반대되는 개념들입니다. 일반적인 인식과는 다소 차이가 있을지 몰라도 이런 것들이 전부 차별에 해당되는 것들입니다. 어떤 한 사람 또는 무리들을 다른 한 사람 또는 무리들과 다르게 대우하면 그것이 차별입니다. 이스라엘의 율법은 그 당시 다른 나라의 법들과 여러 가지 다른 특별한 특징들을 가지는데, 우선적으로 사람을 차별하지 않습니다. 신분상의 차이, 곧 귀족과 평민, 노예의 계급을 인정하지 않습니다. 종에 대해서도 면제년이 되면 돌려보내 줍니다. 앞서 살펴본 안식년과 희년제도를 통하여 수시로 회복시켜 주고, 의도적 살인자가 아니면 도피성에서 다시 회복하도록 만들어줍니다. 현실적인 차이는 인정하지만 되도록 원상태로 돌리는 것이 율법인 것입니다.

하나님은 그 어떤 이유로든지 차별하는 것을 싫어하십니다. 신앙적, 영적인 문제가 아니라면 결코 차별하지 말라고 하시는 것입니다. 가난하거나 부한 것, 신분의 높거나 낮은 것, 하는 일의 종류, 배우거나 못 배운 것, 남자나 여자 등 차별의 이유가 될 수 있는 것은 세상에 없습니다. 모든 기준은 하나님의 율법정신입니다. 가난한 자라고 해서 무조건 편이 되어도 안 됩니다. 권력자라고 해서 일방적으로 편이 되어서도 안 됩니다. 사람을 추종하여 무조건 그의 편이 되어서도 안 됩니다. 선악과 사리분별을 할 때에는 하나님의 기준으로 판단해야 합니다. 특히 정치적인 입장을 표현할 때에는 일방적으로 어느 편에 서면 안 됩니다. 어떤 정치가의 편을 무조건 든다면 그 사람은 하나님의 마음과는 동떨어진 사람입니다. 어떤 이유에서든지 사람을 차별하면 안 됩니다.

"내 형제들아 영광의 주 곧 우리 주 예수 그리스도에 대한 믿음을 너희가 가졌으니 사람을 차별하여 대하지 말라"(약 2:1)

적용하기 : 차별하는 것과 구별하는 것은 다릅니다. 모든 것을 예수님 의 마음으로 보아야 합니다. 당신은 어떻습니까?

하나님의 마음

하나님은 성막에서든지 가정에서든지 공동체에서든지 하나님의 정의가 실현되는 것을 원하십니다. 당신이 속한 교회나 회사에서는 이 하나님의 정의가 실현되고 있습니까?

오늘 받은 은혜

전체적으로 당신이 받은 은혜와 느낌을 기록해보십시오.

실천을 위한 도전 (기도하여 성령님의 인도하심을 받으십시오.)

이번 장을 읽으면서 당신에게 부족한 것이 있다면 한 가지만 선택하여 실천해보시기 바랍니다.

본문 개론

본장은 이미 앞에서 언급하신 내용들의 반복처럼 보이지만 그런 여러 죄악들 중에서도 하나님께서 가장 가증스럽게 여기시는 범죄들을 말씀하시면서 그 형량을 사형으로 언급하고 계시는 내용입니다. 하나님께서 잔인하신 분으로 비칠 수 있겠지만 하나님은 진멸이 목적이 아니고 생명이 목적이라는 사실을 알아야 합니다. 사람을 사형시키는 것이 목적이 아니라 그 사형에서 한 생명이라도 보존하시려는 의도라는 말입니다. 가나안 족속을 진멸하라고 말씀하셨는데 가나안 족속 가운데에는 이미 본장에서 말씀하시는 명령에 명백하게 위반되는 죄악들이 공공연하게 저질러지고 있었습니다. 그러므로 가나안 족속은 전부 사형에 해당되는 죄를 짓고 있었던 것입니다. 거기에 동참하거나 그들을 따르거나 행위를 본받는 자들에게는 하나님의 백성이라 할지라도 사형을 당해야 하는 것입니다.

본문 구성

몰렉을 섬기는 자를 처벌하라.　　　(1~5)

무당을 따르는 자와 불효자를 처벌하라.   (6~9)

각종 성 범죄자를 처벌하라.   (10~21)

이방 풍속을 따르지 말고 거룩하라.   (22~27)

오늘날에는 일반적으로 사형에 해당되는 범죄들을 어떻게 구분
하겠습니까? 똑같은 살인죄라고 하더라도 그 정도와 의도와 상황
에 따라 다양한 판결이 나올 것입니다. 본장에 나오는 여러 명령들
을 단지 오늘날의 잣대로 판단하여 구약 시대에나 가능한 판결이
라고 치부해서는 안 됩니다. 국가와 사회의 상황에 따라 다양한 기
준이 적용되어야 하겠지만 하나님의 기준은 그 때에나 오늘날이나
똑같다는 사실을 알아야 합니다. 하나님께서 출애굽 시대에는 사
형시키라고 하셨는데 오늘날에는 '그때는 내가 좀 심했다' 이렇게
말씀하시겠습니까? 물론 물리적인 현상만으로 보면 여러 가지 이
야기들을 할 수 있겠지만 우리 그리스도인들에게는 이 율법은 여
전히 우리의 의식 속을 흘러야 할 것입니다. 당장 감옥에 가두거나
사형당하지 않는다고 해도 또는 현대 법에 저촉되지 않는다고 해
도 우리는 여전히 하나님의 말씀을 삶의 기준으로 삼아야 할 것입
니다.

❶ 구원의 가능성

핵심구절 : "너는 이스라엘 자손에게 또 이르라 그가 이스라엘 자손이든지 이
스라엘에 거류하는 거류민이든지 그의 자식을 몰렉에게 주면 반드시 죽이되

그 지방 사람이 돌로 칠 것이요 … 만일 누구든지 자기의 아버지나 어머니를 저주하는 자는 반드시 죽일지니 그가 자기의 아버지나 어머니를 저주하였은즉 그의 피가 자기에게로 돌아가리라 … 누구든지 여인과 동침하듯 남자와 동침하면 둘 다 가증한 일을 행함인즉 반드시 죽일지니 자기의 피가 자기에게로 돌아가리라 … 남자가 짐승과 교합하면 반드시 죽이고 너희는 그 짐승도 죽일 것이며"(레 20:2, 9, 13, 15)

그 당시 이방나라에서는 전혀 죄가 되지 않는 많은 행위들이 여호와 하나님 앞에서는 큰 죄였습니다. 얼마나 큰 죄인가 하면 반드시 죽여야 하는데, 이웃들이 돌로 쳐서 죽여야 할 만큼 엄청난 죄인 것입니다. 하나님은 때때로 인간의 생명을 아주 가볍게 취급하시는 듯한 느낌을 받을 때가 있습니다. 사람의 생명은 단 한 사람이라도 너무나도 귀하고 또 현대사회에서는 누가 되었든지 한 생명을 살리는 일을 굉장히 귀중하게 보고 있습니다. 그런 기준이라면 하나님은 전혀 사랑이 없으신 분 같이 느껴집니다. 일단 노아의 홍수 때만 해도 얼마나 많은 사람들이 물에 휩쓸려서 목숨을 잃었습니까? 소돔 성은 어떻습니까? 그곳에 사는 사람들은 롯의 가족들만 빼고는 전부 죽었습니다. 진멸전쟁은 어떻고요?

이런 모습들이 아무 가치 없는 생명처럼 보이게 만드는 이유는 무엇일까요? 하나님을 믿는 사람의 생명은 귀하고 하나님을 욕하거나 비난하는 사람들의 생명은 아무 가치도 없는 것일까요? 문자 그대로는 아니지만 원리적으로는 맞는 말입니다. 생명이라는 말은 영생이라는 말이기 때문입니다. 지금 당장의 상태를 말하는 것은 아닙니다. 앞으로도 영원토록 하나님과 아무 관계없을 사람들을 하나님은 긍휼히 여기지 않으십니다. 그러니까 지금 현재의 상태, 곧 강도냐 살인자냐 의인이냐를 따지는 것이 아니라 앞으로 구원

받을 사람인가의 가능성을 기준으로 사람을 분별하신다는 말입니다. 물론 우리는 그가 누군지를 모르기 때문에 이웃을 자기 자신과 같이 사랑해야 합니다. 아무튼 중요한 규례를 어길 때 사형을 명하시는 것은 그들은 가능성이 없는 사람들이라는 뜻입니다.

"아들을 믿는 자에게는 영생이 있고 아들에게 순종하지 아니하는 자는 영생을 보지 못하고 도리어 하나님의 진노가 그 위에 머물러 있느니라" (요 3:36)

적용하기 : 하나님은 사랑이시면서 동시에 심판이십니다. 죽어서 지옥으로 떨어질 사람들을 하나님은 조금도 불쌍하게 여기지 않으십니다. 주변에 그런 사람들이 많은데 어떻게 해야 하겠습니까?

❷ 보고도 모른 체하면

핵심구절 : "그가 그의 자식을 몰렉에게 주는 것을 그 지방 사람이 못 본 체하고 그를 죽이지 아니하면 내가 그 사람과 그의 권속에게 진노하여 그와 그를 본받아 몰렉을 음란하게 섬기는 모든 사람을 그들의 백성 중에서 끊으리라" (레 20:4~5)

특별히 그 자녀를 몰렉에게 바치는 것이 발각되면 그 지역 또는 동네 사람들이 돌로 쳐서 죽이게 되어 있습니다. 만약에 그 사실을 알면서도 못 본 체하거나 차마 고발하지 못하고 살려둔다면 그 사람들까지 함께 진멸하겠다고 하십니다. 왜 그렇겠습니까? 만약에 몰렉에게 자식을 바친 사람을 알면서도 그냥 내버려둔다면 다른 사람들이 어떻게 생각하겠습니까? 하나님을 배반하는 죄의 심각성을 느끼지 못하고 누구라도 그를 따라 또 몰렉에게 자식을 바치는 사람이 나타날 것입니다. 그렇게 되면 하나님의 거룩한 공동체가 사탄의 침투로 인하여 와해되어 버릴 것입니다. 하나님의 거룩성을 잃어버린다면 그것은 더 이상 이스라엘이 아니고 하나님의 백성도 아닌 것입니다. 하나님은 개인의 죄에 대해서 심판하실 뿐만 아니라 그 죄악이 방치되는 환경이나 사회적 구조 자체에 대해서도 심판하십니다. 사회적 구조악이나 이웃의 불의에 침묵한다면 그것은 하나님의 정의가 전혀 아닌 것입니다.

그러면 현대사회에서는 어떻게 적용해야 하겠습니까? 이 문제는 보는 시각에 따라 전혀 다른 의견을 보일 것입니다만, 먼저 이스라엘과 우리가 사는 사회는 전혀 다른 성격을 가지고 있다는 사실을 알아야 합니다. 이스라엘은 하나님께서 통치하시는 신정국가로서 공동체 자체가 신앙공동체입니다. 그러나 우리가 사는 사회는 신정국가도 아니고 신앙공동체도 아니며 사회존재의 목적과 정의 자체가 다릅니다. 성경과 똑같은 개념을 세상에 적용하기는 어렵습니다. 이스라엘은 하나님의 정의를 세우기 위해서, 곧 거룩한 백성으로서 존재해야 하는 나라였지만, 지금은 이방국가에서 신앙생활을 하는 것이므로 삶의 목적 자체도 전혀 다른 것입니다. 그러나 그리스도인은 기본적으로 불의에 침묵해서는 안 됩니다. 어떤 세력에 규합해서 그것이 마치 하나님의 정의인 것처럼 행동해서는 안 되겠지만, 그리스도의 사랑의 마음으로 조금이라도 고칠 수 있어야 하겠습니다.

"이는 요한이 헤롯에게 말하되 당신이 그 여자를 차지한 것이 옳지 않다 하였음이라 헤롯이 요한을 죽이려 하되 무리가 그를 선지자로 여기므로 그들을 두려워하더니"(마 14:4~5)

적용하기 : 사회의 부조리나 사회악에 대해서 당신은 어떤 자세를 취해 왔습니까? 혹시 정치적인 편가르기는 아니었습니까?

❸ 구별하여 더럽히지 말라.

핵심구절 : "너희는 짐승이 정하고 부정함과 새가 정하고 부정함을 구별하고 내가 너희를 위하여 부정한 것으로 구별한 짐승이나 새나 땅에 기는 것들로 너희의 몸을 더럽히지 말라 너희는 나에게 거룩할지어다 이는 나 여호와가 거룩하고 내가 또 너희를 나의 소유로 삼으려고 너희를 만민 중에서 구별하였음이니라"(레 10:25~26)

오늘날 그리스도인은 정하고 부정한 것을 구별하기 몹시 어려운 시대를 살고 있습니다. 완전한 정의와 사랑을 이야기하는 것이 아니라 삶의 다양한 모든 부분에서 하나님의 정의를 구분하기가 어렵다는 말입니다. 정치적인 반대파에게 어떻게 하는 것이 하나님의 정의입니까? 국제정세에서는 어떻게 하나님의 뜻을 분별할 수 있습니까? 같은 그리스도인들 중에서도 완전히 극단으로 나뉘거나 스스로를 더 옳은 사람으로 확신하고 행동합니다. 때로는 서로 손가락질하고 비난하고 공격합니다. 종교통합운동에 대해서도 다양한 견해를 가지고 있고 동성애 문제에도 전혀 다른 활동을 펼치고 있습니다. 물론 양쪽 다 옳거나 잘못 되었을 수도 있습니다. 어떤 기준, 어떤 시각으로 바라보아야 합니까? 양쪽 모두 성경 말씀을 기준으로 한다고 합니다. 더 나아가서 그리스도인의 삶은 어떤 기준으로 어디까지 믿어야 합니까?

본문에서 하나님은 스스로 거룩하시고 또 하나님께서 우리를 소유로 삼으셨으므로 우리도 거룩해야 한다고 말씀하십니다. 세상에서의 분별은 서로 자기가 옳다고 말하지만 진지하게 순전히 성경 말씀만으로 모든 기준을 엄격하게 적용하는 사람들은 드물어 보입니다. 물론 서로의 신학이 다르고 관점이 다르기 때문에 의견이 완전하게 일치하기는 어려울 것입니다만, 그래도 하나님과의 관계를 더 깊이 생각한다면 어느 정도 테두리를 만들어갈 수는 있을 것입니다. 하나님과의 관계는 구약에서는 하나님의 언약백성이라는 말이 되겠습니다만, 오늘날 일어나는 다양한 대립은 전부이 하나님과의 관계가 실종된 데에 그 원인이 있을 것입니다. 다만 한 쪽은 하나님과의 관계가 친밀한데 다른 쪽은 그런 관계가 거의 없다면 대화가 이루어지기 어렵겠지요. 전체적으로 성경 말씀 속에서 하나님과의 관계가 지속적으로 친밀한 상태를 유지하기 위해 애를 쓴다면 어떤 형태로이든 부정과 정의를 구별할 수 있으리라 생각합니다.

"그러나 어리석은 변론과 족보 이야기와 분쟁과 율법에 대한 다툼은 피하라 이것은 무익한 것이요 헛된 것이니라"(딛 3:9)

적용하기 : 당신도 스스로의 기준을 가지고 있을 것입니다. 그 기준이 얼마나 하나님과의 관계 속에 있다고 생각합니까?

하나님의 마음

하나님은 이스라엘이 죄로 더러워져 하나님과 멀어지는 것을 원하지 않으십니다. 혹시 당신과 하나님 사이에 조금이라도 멀어질 만한 요소들이 있습니까?

오늘 받은 은혜

전체적으로 당신이 받은 은혜와 느낌을 기록해보십시오.

실천을 위한 도전 (기도하여 성령님의 인도하심을 받으십시오.)

당신의 삶을 지배할 만큼 하나님과의 관계가 잘 이루어지고 있습니까? 그것을 훼방하는 한 가지를 선택하여 실천함으로써 하나님과의 관계를 회복해 나가시기 바랍니다.

본문 개론

하나님의 종인 제사장은 하나님과 백성들 사이에서 순결과 거룩의 모범을 보여야 하는 사람들이었습니다. 그들은 죽음과 애도하는 일에 지나치게 빠져들어서는 안 되었고, 순결한 처녀와 결혼해야 했으며, 관유를 부어 왕권과 제사장의 직무를 다해야 했고, 신체적으로 흠이 있는 사람은 제사장이 될 수 없었으며, 일시적으로 흠이 생긴 사람은 제사장의 직무를 감당하지 못했습니다. 그렇지 않으면 거룩하신 하나님의 제사를 감당할 수 없었고 오히려 죽음에 이르게 되기 때문이었습니다. 백성들의 모범이 될 수 없었고 오히려 분란의 불씨가 되어 불평만 생길 수 있었으며, 그런 논란의 주인공이 되면서 하나님의 영광을 가려버리게 되는 것입니다. 그래서 본장에서는 제사장의 정결과 관련하여 전후반에 각 14가지씩 무려 28가지 항목이 소개되는 것입니다.

본문 구성

제사장의 가정에 대한 성결 규례   (1~9)
제사장의 금지사항과 결혼에 관한 규례   (10~14)

제사장의 신체적 조건에 관한 규례　　(15~24)

　　제사장은 오늘날로 하면 목회자에 해당될 것입니다. 그러나 목회자를 신약의 제사장으로 보면 모든 것이 비뚤어지게 됩니다. 그리스도의 십자가 보혈로 구원받은 모든 성도들이 영적 제사장들이기 때문입니다. 육적인 제사장은 없어졌습니다. 하지만 본장의 내용은 모든 그리스도인들에게 공통적으로 해당되는 규례입니다. 제사장들이 어떻게 제사를 집전했는가에 대한 이야기가 아니라 그들이 어떻게 하나님과 바른 관계를 지속하는가의 문제인 것입니다. 다른 조건이나 지위나 성공의 문제가 아니라는 말입니다. 본문을 상세하게 읽으면서 스스로의 영적 결핍을 발견하기 바랍니다.

❶ 하나님의 음식을 드리는 자

핵심구절 : "그들의 하나님께 대하여 거룩하고 그들의 하나님의 이름을 욕되게 하지 말 것이며 그들은 여호와의 화제 곧 그들의 하나님의 음식을 드리는 자인즉 거룩할 것이라 … 너는 그를 거룩히 여기라 그는 네 하나님의 음식을 드림이니라 너는 그를 거룩히 여기라 너희를 거룩하게 하는 나 여호와는 거룩함이니라 … 아론에게 말하여 이르라 누구든지 너의 자손 중 대대로 육체에 흠이 있는 자는 그 하나님의 음식을 드리려고 가까이 오지 못할 것이니라"(레 21:6, 8, 17)

하나님께 가까이 해야 하는 사람일수록 하나님은 더욱 정결을 요구하셨습니다. 그래서 죽은 자의 시신에 대한 규례에서 제사장은 골육의 시신을 만질 수 있었으나 대제사장은 그마저도 하지 말아야 했습니다. 그런데 제사장이든 대제사장이든 공통적인 것은 그들이 하나님의 음식을 드리는 자라는 표현입니다. 모든 화제 곧 번제물, 소제물, 화목제물, 속죄제물, 속건제물 등에서 불에 태워 올려드리는 모든 제물을 말하는 것입니다. 태워서 하나님께 드릴 때 하나님께서 거룩한 향기로 받으시는 것입니다. 당연히 하나님의 음식은 하나님과 가장 가까이에서 보좌하는 제사장들만이 드릴 수 있고, 이 제사장들은 중보자의 역할을 감당하는 것이기 때문에 그들에게는 백성들과 비교할 수 없을 정도의 거룩함이 요구되었던 것입니다.

그렇다면 오늘날에는 이 하나님의 음식은 무엇을 뜻하겠습니까? '음식'이라는 말은 고대에는 '몸'이라는 의미로 사용되었습니다. 물론 영적인, 혹은 상징적인 의미에서 그렇다는 말입니다. 제사장들에게 요구되는 것은 우선은 그들의 심령이지만 그것이 외적인 엄격함으로 지켜지지 않으면 거룩할 수가 없습니다. 신약성도들에게 하나님의 음식이 바로 우리 자신이라고 생각한다면 우리의 거룩한 삶이 바로 그 음식인 것입니다. 거룩하게 교회나 기도원에서 살라는 말이 아니라 우리 일상의 삶 가운데에서 구별되어 예수님의 마음으로 이웃을 내 몸처럼 사랑하는 것이 바로 하나님의 음식입니다.

"그러므로 형제들아 내가 하나님의 모든 자비하심으로 너희를 권하노니 너희 몸을 하나님이 기뻐하시는 거룩한 산 제물로 드리라 이는 너희가 드릴 영적 예배니라"(롬 12:1)

적용하기 : 헌금은 돈만 드리는 것이 아니라 우리의 몸도 함께 드리는 것입니다. 당신은 몸으로, 삶으로 어떻게 하나님께 영광을 돌리고 있습니까? 부족하다면 앞으로 어떻게 하겠습니까?

❷ 영혼의 장애인

핵심구절 : "누구든지 흠이 있는 자는 가까이 하지 못할지니 곧 맹인이나 다리 저는 자나 코가 불완전한 자나 지체가 더한 자나 발 부러진 자나 손 부러진 자나 등 굽은 자나 키 못 자란 자나 눈에 백막이 있는 자나 습진이나 버짐이 있는 자나 고환 상한 자나 제사장 아론의 자손 중에 흠이 있는 자는 나와 여호와께 화제를 드리지 못할지니 그는 흠이 있은즉 나와서 그의 하나님께 음식을 드리지 못하느니라"(레 21:18~21)

하나님의 음식을 드리는 제사장은 모든 면에서 거룩하고 완전하고 정결해야 합니다. 그래서 제사장의 조건 중 장애인은 제사를 집전하지 못하도록 하셨습니다. 얼핏 보면 장애인을 차별하는 것처럼 보이지만 그것은 하나님께 거룩한 제사를 드릴 때에만 그런 것입니다. 왜냐하면 하나님께 드리는 제사를 위해서는 모든 면에서 완벽한 것으로 드려야 하기 때문입니다. 하나님은 완전하시고 거룩하십니다. 다만 그렇다고 하여 제사장 가족들 중에서 장애인을 차별하거나 배제하는 일은 결코 없습니다. 장애인 가족들도 성막 앞에서 제사장의 가족들에게 주어진 음식을 다 함께 먹었지만 (22), 성소로 들어가지만 못했습니다.

오늘날에는 어떨까요? 물론 그리스도로 인하여 모든 것이 성취되었기 때문에 그런 구별은 전혀 없습니다. 그것은 분명히 차별입니다. 다만 여기에서 우리의 영적인 몸은 어떨까 생각해봅니다. 영적 장애는 장애일 수도 있고 성장해가는 과정 중에 나타나는 현상일 수도 있습니다만, 영적으로 앞을 보지 못하는 영적 시각장애, 이웃들에게 제대로 다가가지 못하는 영적 지체장애, 하나님의 음성을 듣지 못하는 영적 청각장애, 세상에 휩쓸려서 정결하게 살지 못하는 영적 피부병, 전도하여 새 생명을 만들지 못하는 영적 생식기 이상 등 모든 부분에서 영적인 장애가 나타날 수 있습니다. 모든 것에 완전하라는 것이 아니라 한 군데라도 빠지면 안 된다는 말입니다. 자신이 어떤 영적 장애에 걸려있는지 진단해보고 치료해야 합니다. 다만 예수님께서 이미 전부 다 치료해주셨다는 사실을 믿어야 합니다.

"큰 무리가 다리 저는 사람과 장애인과 맹인과 말 못하는 사람과 기타 여럿을 데리고 와서 예수의 발 앞에 앉히매 고쳐 주시니 말 못하는 사람이 말하고 장애인이 온전하게 되고 다리 저는 사람이 걸으며 맹인이 보는 것을 무리가 보고 놀랍게 여겨 이스라엘의 하나님께 영광을 돌리니라" (마 15:30~31)

적용하기 : 당신은 어떤 부분에서 영적 장애에 걸려있습니까? 이제 어떻게 그것을 회복할 수 있겠습니까?

하나님의 마음

하나님은 우리가 모두 죄인이라는 사실을 너무나도 잘 아시고, 그 가운데 가장 깨끗해지기를 원하십니다. 당신은 항상 하나님 앞에서 산다는 의식을 얼마나 가지고 있습니까?

오늘 받은 은혜

전체적으로 당신이 받은 은혜와 느낌을 기록해보십시오.

실천을 위한 도전 (기도하여 성령님의 인도하심을 받으십시오.)

현대를 살아가는 영적 제사장으로서 당신이 이웃들에게 나타내는 모습들 중 보완하고 싶은 것을 한 가지 택하여 실천해보십시오.

성물을 먹는 규례

레위기 22:1~33

본문 개론

본장은 성물을 먹는 제사장들의 태도에 대한 내용과 하나님께 바쳐야 하는 제물의 완전성과 시간에 관한 명령으로 되어 있습니다. 율법에는 이스라엘 전체 백성들에 대한 명령이나 규례뿐 아니라 제사장들이 지켜야 하는 규정들이 상당 부분 소개되고 있습니다. 그것은 제사장들이 신앙지도자로서 율법을 백성들에게 가르치고 하나님의 뜻을 분별하는 역할에서 그치는 것이 아니라 백성들과 초월적이신 하나님 사이를 연결시키는 통로로서 일종의 중보자의 기능을 담당하였기 때문입니다. 본장의 내용은 제사장을 더럽게 하는 것들, 거룩한 제물을 먹을 수 있는 자격, 온전한 제물들, 제물을 드리는 시간 등 4가지 주제로 각 7개씩의 지시사항이 제시됩니다. 전적으로 타락하여 죄인이 된 인간이 거룩하신 여호와 하나님의 사랑과 은혜를 받으려면 하나님께서 제시하시는 정결함에 최대한 다가가도록 해야 할 것입니다.

성물을 먹을 수 없는 경우의 규례 (1~9)
성물을 먹을 수 있는 신분에 대한 규례 (10~16)
흠 없고 온전한 제물만을 드리라. (17~25)
희생 제물에 대한 일반적인 규례 (26~33)

본문 적용

하나님께서 지시하시는 모든 규례는 하나님과 교제하는 모든 과정이 더러운 것들로 조금이라도 오염되는 것을 막음으로써 하나님께서 자기 백성들 가운데에서 거룩히 여김을 받으시도록 하시기 위한 것입니다. 그렇게 되면 주변의 이방나라들이 이스라엘에 나타나시는 하나님의 영광을 볼 것이며 하나님께 대한 경외심을 가지게 될 것입니다. 물론 그 기초는 백성들로 하여금 하나님과 개인적인 관계를 맺음으로써 하나님을 언약의 하나님으로 인식하게 만드시는 하나님의 구속 방식인 것입니다.

오늘날의 그리스도인들도 똑같은 원리로 스스로와 교회를 거룩하고 정결하게 유지하도록 해야 합니다. 하나님께서 언제 우리의 사회와 국가의 운명에 개입하시겠습니까? 하나님의 백성들이 회개하고 정결하게 되어 예수님의 음성을 듣고 세상과 구별되어 거룩한 목적으로 살아가기 시작할 때일 것입니다. 그리스도인들이 교회에 다니는 것 말고는 세상 사람과 똑같은 상태라면 하나님은 그들의 기도를 듣지 않으실 뿐 아니라 전혀 쳐다보지도 않으실 것이고 세상은 그냥 세상의 방식대로 흘러갈 것입니다. 우리도 제사장들과 똑같이 영적인 거룩함과 삶의 거룩함을 회복해야 할 것입니다.

❶ 음식을 거룩하게 하는 여호와

핵심구절 : "아론과 그의 아들들에게 말하여 그들로 이스라엘 자손이 내게 드리는 그 성물에 대하여 스스로 구별하여 내 성호를 욕되게 함이 없게 하라 나는 여호와이니라 그들에게 이르라 누구든지 네 자손 중에 대대로 그의 몸이 부정하면서도 이스라엘 자손이 구별하여 여호와께 드리는 성물에 가까이 하는 자는 내 앞에서 끊어지리라 나는 여호와이니라 … 이스라엘 자손이 여호와께 드리는 성물을 그들은 속되게 하지 말지니 그들이 성물을 먹으면 그 죄로 인하여 형벌을 받게 할 것이니라 나는 그 음식을 거룩하게 하는 여호와이니라" (레 22:2~3, 15~16)

제사장과 그 가족들은 오직 여호와께서 거룩하게 하신 음식만을 먹어야 하고 또 가족이라 하더라도 무엇엔가에 의해 부정하게 되면 그 음식을 먹을 수 없었습니다. 왜 음식까지도 이렇게 엄격하게 구별하시는 것일까요? 거룩하게 하신 음식에 대한 엄격한 구분과 함께 부정한 사람이 이 성물을 먹는 것은 그것을 더럽히는 것이며 하나님의 거룩성을 모독하는 것이므로 심판 받을 수밖에 없는 것입니다. 이것은 또한 성물이 우상숭배의 수단이 될 수도 있기 때문입니다. 성물은 성물 자체에 무슨 신비한 능력이 있거나 치유하는 기능이 있는 것이 아닙니다. 그런데 이와 같은 생각을 얼마든지 가질 수 있기 때문에 아예 그것을 금해버리는 것입니다. 결국 백성들은 이런 엄격한 규례들을 통하여 하나님의 선민으로서 여러 가지 죄악이나 부정에서 스스로를 구별하여 거룩하게 할 수 있는 것입니다.

그렇다면 현대적인 의미에서의 거룩한 음식에 대해서 생각해 봅니다. 음식도 하나님께서 거룩하게 하신 것이고 그것을 먹는 사람도 부정에서 자기를 지켜야 하는 것이라면, 오늘날 음식을 소득으로 대치해 볼 때 어떻게 경제활동을 해야 하는가에 대해서 생각할 수 있을 것입니다. 우리는 우리의 생활소득도 전부 하나님께로부터 온 것이라는 사실을 믿고 있습니다. 그렇다면 그 소득을 벌어들이는 방법이나 사용하는 방식이나 주체에 대해서도 거룩성을 이야기해야 할 것입니다. 물론 오늘날 소나 양으로 제물을 바치는 것도 아니고 제사장들처럼 성막 뜰에서 음식을 먹어야 하는 사람들도 아닙니다. 그러나 물질을 벌어들이는 방식이나 사용하는 목적에는 분명히 하나님의 거룩하게 하시는 능력이 적용되어야 할 것입니다.

"너희가 갇힌 자를 동정하고 너희 소유를 빼앗기는 것도 기쁘게 당한 것은 더 낫고 영구한 소유가 있는 줄 앎이라"(히 10:34)

적용하기 : 당신의 음식(소득)은 하나님께서 거룩하게 하신 것입니까? 혹시 부정의 요소가 발견된다면 어떻게 하겠습니까?

❷ 하나님의 기쁨

핵심구절 : "아론과 그의 아들들과 이스라엘 온 족속에게 말하여 이르라 이스라엘 자손이나 그 중에 거류하는 자가 서원제물이나 자원제물로 번제와 더불어 여호와께 예물로 드리려거든 기쁘게 받으심이 되도록 소나 양이나 염소의 흠 없는 수컷으로 드릴지니 흠 있는 것은 무엇이나 너희가 드리지 말 것은 그

것이 기쁘게 받으심이 되지 못할 것임이니라 만일 누구든지 서원한 것을 갚으려 하든지 자의로 예물을 드리려 하여 소나 양으로 화목제물을 여호와께 드리는 자는 기쁘게 받으심이 되도록 아무 흠이 없는 온전한 것으로 할지니"
(레 22:18~21)

하나님께서 거룩하게 하시는 음식은 재료와 요리하는 방식과 위생사항 등 모든 조건이 깨끗해야 합니다. 마치 요리사가 최고의 요리를 해내기 위한 모든 준비를 마치고 기다리다가 최상의 재료가 들어올 때 느끼는 기쁨이 있어야 하지 않겠습니까? 아니면 최상의 재료로 직접 불에 요리하기 직전의 최상의 상태에서 느끼는 기쁨과 설렘이 있어야 하지 않겠습니까? 이 땅에서 최고 요리사도 조금의 상함이나 아주 작은 흠이라도 있는 재료는 사용하지 않을 것인데 하물며 거룩의 본체이신 하나님께서 부정하거나 상하거나 뭔가 결격사유가 있는 짐승을 받으실 수 있겠습니까? 물론 상황에 따라 다소 흠 있는 짐승이라도 자원예물(낙헌제 예물)에 사용할 수는 있었습니다만, 그 이외의 경우에 흠 있는 것을 드릴 수 없는 것은 당연한 일일 것입니다. 기본적으로 하나님은 하나님께서 창조하신 원형 그대로의 짐승을 제물로 받기를 원하시는 것입니다.

우리 그리스도인들에게 있어서 가장 최상의 신앙생활은 무엇이 겠습니까? 그것이 무엇이 되었든지 간에 하나님을 기쁘시게 하는 것이 최우선적인 기준이 되어야 할 것입니다. 구약에서는 그것을 제물을 준비하는 과정에서 구별하셨지만, 오늘날에는 외적인 헌신이 문제가 되는 것이 아니라 내적으로 어떤 마음을 가지고 하는가에 따라 엄청나게 달라질 것입니다. 사람은 겉으로 크게 헌신하는 것을 자랑할 수 있지만 하나님은 작은 것이라도 어떤 마음가짐, 어떤 의도에서 시작하는가에 관심이 크실 것입니다. 우리는 헌금을 드릴 때에도 헌신할 때에도 규례나 전통을 지킬 때에도 이웃을 자기 자신과 같이 사랑하고 섬길 때에도 오직 우리의 마음을 보시는 하나님이라는 사실을 알아야 합니다. 그 기준은 오로지 하나님의 기쁨입니다. 그 하나님의 기쁨이 우리 그리스도인들의 기쁨이 되는 것입니다.

"지금 내가 아버지께로 가오니 내가 세상에서 이 말을 하옵는 것은 그들로 내 기쁨을 그들 안에 충만히 가지게 하려 함이니이다"(요 17:13)

적용하기 : 당신이 기쁨을 누릴 때 그것이 하나님의 기쁨으로부터 오는 것인지를 알 수 있습니까? 어떻게 그것을 누릴 수 있습니까?

하나님의 마음

우리가 거룩함을 지키려고 하면 하나님께서 기뻐하십니다. 당신은 얼마나 하나님을 기쁘시게 하고 있습니까?

오늘 받은 은혜

전체적으로 당신이 받은 은혜와 느낌을 기록해보십시오.

실천을 위한 도전 (기도하여 성령님의 인도하심을 받으십시오.)

현대의 거룩한 (영적) 제사장들인 우리는 모든 초점을 그리스도께 두어야 합니다. 당신의 초점이 세상을 향한 것이 있다면 한 가지부터 고치고 회복하기 바랍니다.

매년마다 지키는 절기들

레위기 23:1~44

본문 개론

    본장에는 구약 시대 이스라엘에서 지켜지던 공식적인 절기를 모두 망라하고 있습니다. 백성들이 예루살렘에 모여서 민족 전체가 지켜야 할 유월절(무교절), 맥추절, 초막절에 대한 규례와 모이지는 않지만 각자 주거지에서 지켜지는 안식일, 나팔절, 대속죄일에 관한 내용으로 되어 있습니다. 이런 절기들은 제정 상황이 다양하지만 본장에서 한꺼번에 설명함으로써 모든 절기에 대한 의미와 중요성을 백성들에게 구체적으로 가르치고 있습니다. 이 절기들은 오랫동안 지속되면서 율법적인 습관이 될 우려도 있습니다만, 이 절기들로 말미암아 자기 백성에 대한 하나님의 자비로운 은혜를 기억하게 만들기 위해 제정된 것입니다. 오늘날 교회에서도 몇 가지 절기들이 지켜지고 있지만, 그것이 성경적인가 아닌가에 대해서는 별도로 생각하더라도, 그 취지를 잘 생각하고 진정성 있게 지킨다면 유익한 점이 더 많을 것입니다. 22절에 갑자기 가난한 자에 대한 언급이 나오는데 모든 절기에서 소외되는 사람들이 없도록 하시는 하나님의 배려라고 할 수 있습니다.

본문 구성

본문 적용

이 절기들을 지키는 정확한 방법 등은 민수기 28, 29장에서 소개될 것입니다만, 이런 절기들을 매년마다 반복적으로 지키게 하시는 것은 이스라엘 백성들로 하여금 하나님께서 인류 역사에 개입하셔서 하나님의 뜻대로 이끌어 가신다는 사실을 깨닫고 특히 예루살렘 성전에 모여서 제사 드리게 함으로써 중앙 성전의 중요성과 이스라엘 신앙공동체의 민족적 결속력을 강화하기 위함인 것입니다. 그리고 일상생활 속에 파묻혀서 살아가는 백성들에게 영적 각성의 계기를 제공함으로써 순수한 여호와 신앙을 재정립하고 특히 세속적으로 우상숭배를 경계하고 방지하기 위한 것이기도 합니다. 하지만 이런 효과들은 어디까지나 부수적인 것이며, 가장 중요한 핵심은 여호와께 제물을 드리기 위함, 곧 하나님과의 만남에 있는 것입니다. 절기를 지키는 현장에 참여하는 마음으로 본장을 읽어야 하겠습니다.

❶ 일하지 말라!

핵심구절 : "엿새 동안은 일할 것이요 일곱째 날은 쉴 안식일이니 성회의 날이라 너희는 아무 일도 하지 말라 이는 너희가 거주하는 각처에서 지킬 여호와의 안식일이니라 … 너희는 이레 동안 여호와께 화제를 드릴 것이요 일곱째 날에도 성회로 모이고 아무 노동도 하지 말지니라 … 이 날에 너희는 너희 중에 성회를 공포하고 어떤 노동도 하지 말지니 이는 너희가 그 거주하는 각처에서 대대로 지킬 영원한 규례니라 … 어떤 노동도 하지 말고 여호와께 화제를 드릴지니라 … 너희는 아무 일도 하지 말라 이는 너희가 거주하는 각처에서 대대로 지킬 영원한 규례니라 … 첫 날에는 성회로 모일지니 너희는 아무 노동도 하지 말지며"(레 23:3, 8, 21, 25, 31, 35)

우리가 보통 안식일이라고 하면 매주 마지막 날인 토요일만을 뜻한다고 생각하지만 여호와의 모든 절기 때에 아무 노동도 하지 말아야 할 것을 명하시는 그 날도 안식일에 포함된다고 할 수 있습니다. 이번 장은 모든 절기에 대해서 말씀하시되 안식(일)과 관련하여 그 날들에는 아무 노동도 하지 말고 일도 하지 말아야 할 것을 명하고 있는 것입니다. 왜 안식하는 일이 그렇게 중요할까요? 그것은 앞의 6일 간의 노동이 있기 때문입니다. 날마다 먹고 놀면서 안식일에 또 쉰다면 그 의미를 찾을 수 있겠습니까? 하나님께서 6일 간 일하셨기 때문에 사람의 노동은 그만큼 신성한 것입니다. 그래서 안식일이 신성할 수 있는 것입니다.

하나님은 모든 절기 때에도 일을 쉬고 안식할 것을 명하시는데 만약에 그 말씀을 무시하고 일터에 나가서 노동한다면 그것은 하나님의 말씀을 믿지 않는 것일 뿐만 아니라 하나님의 은혜를 망각하는 배은망덕한 일이 되는 것입니다. 하나님께 집중할 때에는 사람의 일은 완전히 잊어버려야 합니다. 그렇지 않으면 이것도 저것도 아니고, 차지도 않고 뜨겁지도 않은 모습이 될 뿐입니다. 사실 하나님께 가장 행복한(?) 날은 아마도 안식일이 아닐까요? 왜냐하면 오로지 하나님과의 친밀함 가운데 보낼 수 있는 귀중한 날이기 때문입니다. 그렇게 본다면 오늘날의 주일은 하나님과 너무 멀어진 상태인 것 같습니다. 오로지 하나님께만 집중하는 날을 많이 만들어야 합니다.

"오직 하나님께 옳게 여기심을 입어 복음을 위탁 받았으니 우리가 이와 같이 말함은 사람을 기쁘게 하려 함이 아니요 오직 우리 마음을 감찰하시는 하나님을 기쁘시게 하려 함이라"(살전 2:4)

적용하기 : 당신은 모든 일을 쉬고 하나님께만 집중하는 시간을 정기적으로 가집니까? 주일에는 어떻습니까?

❷ 칠 월이 되면

핵심구절 : "이스라엘 자손에게 말하여 이르라 일곱째 달 곧 그 달 첫 날은 너희에게 쉬는 날이 될지니 이는 나팔을 불어 기념할 날이요 성회라 … 일곱째 달 열흘날은 속죄일이니 너희는 성회를 열고 스스로 괴롭게 하며 여호와께 화제를 드리고 … 이스라엘 자손에게 말하여 이르라 일곱째 달 열닷샛날은 초막절이니 여호와를 위하여 이레 동안 지킬 것이라"(레 23:24, 27, 34)

이스라엘은 7월이 되면 세 가지 절기를 지키게 되는데, 그것은 1일에 나팔절, 10일에 대속죄일, 15일부터 7일은 초막절을 지키는 것이었습니다. 이 7월은 이스라엘의 종교력으로는 7월이지만 민간력으로는 1월 곧 새해입니다. 그러니까 새해 첫 달을 맞이하면서 나팔을 불어 하나님의 구속을 선포하는 것입니다. 하나님의 새로운 날이 시작되었음을 알리고 기쁨으로 새 날, 새해를 맞이하는 것입니다. 모든 백성이 예루살렘에 모이는 것은 아니었고 전국 각지 자기들의 삶의 터전에서 나팔을 불었으며 중앙 성소에서는 제사가 드려졌습니다. 그리고 7월 10일에 대속죄일을 맞이하여 성막에서 대제사장이 자기 자신과 모든 백성들의 죄를 속죄하도록 하셨습니다. 물론 죄를 깨달을 때마다 속죄제를 드리지만 깨닫지 못하는 죄와 사소하게 숨겨 있는 죄까지도 모두 속죄하기 위한 날입니다. 이때에는 아마도 금식과 회개를 통하여 스스로 괴롭게 하라고 하심으로써 죄의 엄중함을 느끼게 하셨습니다.

그리고 7월 15일부터 7일 간은 초막절로 지키는데 이것은 수장절, 장막절 등으로도 불립니다. 특징은 7일 간 초막을 짓고 거기에서 사는 절기라는 것입니다. 그리고 화제, 번제, 소제, 희생제물, 전제를 드리라고 하셨습니다. 이때에는 추수할 곡식을 창고에 들이면서 지키는 절기인데, 모든 것이 하나님께로부터 왔음을 감사하고 축제로 즐기는 것입니다. 이스라엘의 7월이 우리의 새해가 되어야 합니다. 아니, 매달마다 이스라엘의 7월처럼 보낼 수 있어야 합니다. 먼저 새로운 날, 새로운 해를 주신 하나님을 찬양합니다. 하나님께서 전적으로 인도하고 계심을 나팔을 불어 선포하는 것입니다. 그리고 알고 짓거나 미처 깨닫지 못하고 지은 모든 죄를 그리스도의 보혈에 의지하여 회개하고 깨끗케 함을 받습니다. 하나님의 은혜와 사랑이 아니면 우리의 존재 자체가 아무런 의미도 없기 때문입니다. 이스라엘의 7월처럼 날마다 새로워져야 하겠습니다.

> "너희는 이 세대를 본받지 말고 오직 마음을 새롭게 함으로 변화를 받아 하나님의 선하시고 기뻐하시고 온전하신 뜻이 무엇인지 분별하도록 하라"(롬 12:2)

적용하기 : 우리는 매일이 이스라엘의 7월 같아야 합니다. 하나님의 은혜는 결코 갚을 수 없이 큰 것이기 때문입니다. 당신은 7월 같을 때가 얼마나 자주 있습니까?

❸ 초막에서 살고 있는가?

핵심구절 : "너희는 매년 이레 동안 여호와께 이 절기를 지킬지니 너희 대대의 영원한 규례라 너희는 일곱째 달에 이를 지킬지니라 너희는 이레 동안 초막에 거주하되 이스라엘에서 난 자는 다 초막에 거주할지니 이는 내가 이스라엘 자손을 애굽 땅에서 인도하여 내던 때에 초막에 거주하게 한 줄을 너희 대대로 알게 함이니라 나는 너희의 하나님 여호와이니라"(레 23:41~43)

알다시피 초막절은 수장절, 장막절로도 불리는데 초막을 짓고 일 주일 동안 살아야 하기 때문에 초막절이라는 이름이 붙었습니다. 그렇게 집을 떠나서 초막을 짓고 절기를 지키는 목적은 출애굽할 때 광야에서의 40년 동안의 장막 생활을 기념하여 하나님의 은혜를 깊이 감사하면서 제사를 드리고 또 1년 동안의 곡식을 풍성하게 추수한 것에 대해서 감사하기 위해서 드리는 것입니다. 모든 것에 감사하는 축제의 절기인데 작은 초막을 짓고 거기에서 한 주 동안 살라고 하시는 이유는 바로 체험신앙입니다. 이스라엘은 이미 40년 동안 장막생활을 하면서 항상 이동할 준비를 하며 살았습니다. 언제까지일까요? 그들에게는 가나안 땅에 들어갈 때까지였을 것입니다. 광야에서는 초막과도 같은 숙소에서 살 수밖에 없습니다.

그런데 이 초막에서 사는 것이 우리 그리스도인들의 본래의 모습이 아닐까 하는 생각을 해봅니다. 초막에서는 영구한 것은 아무 것도 없습니다. 무엇을 쌓아놓을 만한 공간도 없습니다. 바닥도 튼튼하게 놓을 필요가 없고 벽체도 단단한 것으로 세울 필요가 없습니다. 그렇게 하면 오히려 이동에 큰 불편만 가져올 뿐입니다. 언제 초막을 걷어야 할지 모르기 때문입니다. 초막에 삶의 근거를 둘 수도 없습니다. 아무것도 많이 가질 수도 없고 높아질 수도 없습니다. 큰 집, 작은 집에 대한 개념도 없습니다. 이렇게 절기를 명하신 것은 모든 것이 전부 처음부터 끝까지 하나님의 은혜라는 사실을 늘 깨닫게 하고 그 하나님만을 전적으로 의지하게 만들기 위해서입니다. 우리들에게도 이것은 정말로 필요합니다. 우리는 단지 저 영원한 하늘나라에 가기까지 우리의 육체의 생활근거가 필요할 뿐입니다. 이것을 잊어버리면 성도는 언제라도 타락할 수 있습니다. 우리는 지금 초막에 살고 있는 중입니다. 그것이 참 믿음입니다.

"외모로 보시지 않고 각 사람의 행위대로 심판하시는 이를 너희가 아버지라 부른즉 너희가 나그네로 있을 때를 두려움으로 지내라"(벧전 1:17)

적용하기 : 당신은 현재 나그네로서 이 땅에 살고 있다는 생각으로 신앙생활을 하고 있습니까? 나그네로 살지 못하는 이유는 주로 무엇입니까?

하나님의 마음

이스라엘은 사실상 절기를 중심으로 움직입니다. 그것은 여호와 하나님만 믿고 섬기라는 말씀입니다. 당신의 삶에는 이 절기와 같은 기준이 있습니까?

오늘 받은 은혜

전체적으로 당신이 받은 은혜와 느낌을 기록해보십시오.

실천을 위한 도전 (기도하여 성령님의 인도하심을 받으십시오.)

절기를 주신 것은 항상 하나님과 찰싹 붙어서 살라는 말입니다. 하나님과 친밀하게 살지 못하게 훼방하는 한 가지 요소를 생각해내고 그것을 끊어버리기 바랍니다.

24
지성소 규정과 모독죄
레위기 24:1~23

본문 개론

본장은 지성소를 섬기는 규정들과 참람죄 곧 모독죄를 다스리는 두 가지 주제를 다루고 있습니다. 일곱 개의 등잔이 있는 황금 등잔대는 성막 안에서 계속하여 켜져 있어야 했고 감람의 순수한 기름을 계속해서 채워야 했습니다. 열두 개의 떡을 두 줄로 진설한 떡상도 항상 진열되어 있어야만 했습니다. 지성소의 거룩함에 못지 않은 것이 거룩하신 하나님을 모독하는 일이었습니다. 지성소의 거룩함을 해치는 사람은 하나님께서 죽이시고 삶 속에서 여호와의 이름을 모독한 자는 백성들이 돌로 쳐야 했습니다. 하나님의 거룩한 장소와 여호와의 이름은 어떤 방식으로든 모독 받지 않도록 엄격한 형벌로 다스리셨습니다. 눈에는 눈, 이에는 이로 갚으라는 동해보복법은 모독죄와 관계없는 것 같지만 필요 이상으로 더 크게 원수를 갚은 것도 역시 하나님의 이름을 모독하는 것이라는 사실을 깨달아 알고 있어야 하겠습니다.

본문 구성

성막의 등불을 꺼뜨리지 말라.   (1~4)

본문 적용

그리스도인이 참람죄를 피하기 위해서는 어떤 종류로든 맹세하지 말아야 하고 단순히 예 또는 아니요로 답하라고 예수님은 가르치셨습니다(마 5:34~37). 구약에서나 신약에서나 여호와의 이름을 훼방하거나 모독하거나 저주하는 죄는 돌이킬 수 없는 치명적인 범죄입니다. 이것은 또한 하나님의 이름을 이용하여 자신의 이기적인 욕구를 만족시키는 모든 행위는 신성모독죄와 동일하다는 것을 이야기하는 것입니다. 이런 사람들이 성경에 자세하게 기록되어 있습니다. 바리새인들은 사람에게 보이려고 여호와의 거룩함을 이용한 사람들이었습니다. 그들이 외식하는 자들이라는 말씀은 결국 종교적인 위선입니다. 그것은 명백하게 여호와의 이름을 모독한 행위였습니다. 결국 그들은 예수님으로부터 저주를 받고야 말았습니다. 본장을 읽으면서 우리 자신도 모르는 사이에 신앙적 위선을 보여주고 있는 부분을 성령님의 도우심으로 발견하기를 바랍니다.

❶ 천국이 종점이다.

핵심구절 : "아론은 회막 안 증거궤 휘장 밖에서 저녁부터 아침까지 여호와 앞에 항상 등잔불을 정리할지니 이는 너희 대대로 지킬 영원한 규례라 그는 여호

와 앞에서 순결한 등잔대 위의 등잔들을 항상 정리할지니라 … 안식일마다 이 떡을 여호와 앞에 항상 진설할지니 이는 이스라엘 자손을 위한 것이요 영원한 언약이니라 이 떡은 아론과 그의 자손에게 돌리고 그들은 그것을 거룩한 곳에서 먹을지니 이는 여호와의 화제 중 그에게 돌리는 것으로서 지극히 거룩함이니라 이는 영원한 규례니라"(레 24:3~4, 8~9)

지성소 밖 성소의 등잔불과 떡은 영원한 하나님의 임재를 뜻합니다. 등잔대의 기름은 잎이나 가지 등이 포함되지 않은 순수열매로 짠 기름을 뜻하는데, 오로지 하나님의 말씀대로 순종하는 것을 말합니다. 이 빛은 여러 가지 상징적 의미를 가지는데, 암흑 속에 있는 성소를 비춤으로써 하나님의 진리를 드러내는 것을 뜻하고 현대적으로는 세상의 빛 곧 복음의 빛을 말하는 것이기도 합니다. 한편 떡상의 떡 역시 누룩이 섞이지 않은 고운 가루로 만들되 열두 개를 만듦으로써 이스라엘 열두 지파를 상징하고 만민에게 베풀어지는 하나님의 은혜이며 동시에 이스라엘 백성들이 한 해 동안 지은 결실을 뜻합니다. 정결한 유향을 단 위에서 떡 대신 태움으로써 향기 나는 화제로 드리게 됩니다. 이 떡 역시 하나님의 공동체에서의 잔치를 뜻하는 바, 영원한 천국에의 초대를 뜻합니다.

그런데 하나님은 이 등불과 떡상을 항상 돌보고 불이 꺼지거나 떡이 없는 상황이 생기지 않도록 하라고 하시면서 그것이 항상 이루어져야 하고 또 영원한 규례로서 끝까지 지켜져야 한다고 하십니다. 물론 여기에서 영원토록이라는 말은 메시아가 이 땅에 오시기까지라는 말과 같습니다. 오늘날 이것은 우리가 영원한 천국에 가는 날까지로 해석될 수 있습니다. 우리의 생명이 주님께서 부르실 때까지로 한정되어 있듯이, 우리의 삶이 지속되는 한 이 등불과 떡은 우리를 통하여 지속적으로 세상에 공급되어야 합니다. 물론 직접 눈에 보이는 등불과 떡이 아니라 영적인 진리의 삶과 하나님의 말씀이 우리 그리스도인들을 통하여 전파되는 것을 말하는 것입니다.

> "너희는 세상의 빛이라 산 위에 있는 동네가 숨겨지지 못할 것이요 사람이 등불을 켜서 말 아래에 두지 아니하고 등경 위에 두나니 이러므로 집 안 모든 사람에게 비치느니라"(마 5:14~15)

적용하기 : 당신은 복음의 빛을 얼마나 세상에 비추면서 살고 있습니까? 또 어떤 방식으로 그 빛을 비추고 있습니까?

❷ 하나님을 혼자 모독하면

핵심구절 : "그 저주한 사람을 진영 밖으로 끌어내어 그것을 들은 모든 사람이 그들의 손을 그의 머리에 얹게 하고 온 회중이 돌로 그를 칠지니라 너는 이스라엘 자손에게 말하여 이르라 누구든지 그의 하나님을 저주하면 죄를 담당할 것이요 여호와의 이름을 모독하면 그를 반드시 죽일지니 온 회중이 돌로 그를 칠 것이니라 거류민이든지 본토인이든지 여호와의 이름을 모독하면 그를 죽일지니라"(레 24:14~16)

굉장히 끔찍한 일이지만 당시에는 현실이었습니다. 여호와의 이름을 모독한 사람을 그 말을 들었던 사람들이 그의 머리에 손을 얹고 난 후에 여러 사람들이 돌로 쳐서 죽입니다. 하나님께서 신비한 힘으로 그를 죽이시는 것이 아니라 온 회중이 그 사람을 돌로 쳐서 죽이는 것입니다. 본문에서 그 사람이 어떻게 여호와의 이름을 모독했는지는 나와 있지 않으나 공동체 안에서 다툼이 일어났는데 여호와의 이름을 모독하고 저주까지 했다고 합니다. 하나님의 심판은 돌로 쳐 죽이는 것이었습니다. 아마 그 사람은 앞으로 여호와의 백성이 될 가능성이 없는 사람인 것 같습니다. 아무튼 여호와의 이름을 모독하는 것이 얼마나 큰 죄인가를 알 수 있는데, 그렇다면 오늘날에는 어떻습니까? 물론 이방인 곧 하나님을 믿지 않는 불신자들에게서는 그런 표현은 일상적으로 일어날 것입니다.

그런데 만약에 그리스도인으로서 하나님의 은혜를 충분히 높여 드리지 못하거나 하나님의 능력을 믿지 않고 과다하게 축소하거나 성경에 기록된 말씀 중에서 자기 멋대로 해석하여 오히려 하나님의 영광을 가려버린다면 그 사람은 어떻게 되겠습니까? 그것은 여호와의 이름을 모독하는 것이 아닙니까? 물론 불신자들이나 또는 같은 그리스도인들에게 다 들으라고 공개적으로 하는 것과 혼자서 다른 사람에게 보이지 않고 행하는 것에는 차이가 있을 것입니다. 본문에서도 사람들이 그 말을 들었기 때문에 모든 백성들에게 경각심을 불러일으키고 하나님을 경외하게 만들기 위해 공개처형을 내리셨지만, 그 사람이 혼자서 그랬다면 그렇게까지 하지는 않으셨을지도 모릅니다. 그러나 오늘날에는 영적인 현실의 시대입니다. 혼자서 말하든 숨어서 말하든 하나님은 다 듣고 계십니다. 직접 징계하지는 않으시더라도 우리의 신앙에 영향을 끼치지 않겠습니까? 각종 부정적인 말, 비판적인 말, 공격적인 언어들도 전부 여호와의 이름을 모독하는 것입니다. 여호와의 이름을 모독하는 것처럼 사는 사람도 있습니다. 우선 심령으로부터 하나님을 높여야 하겠습니다.

"이방인들도 그 긍휼하심으로 말미암아 하나님께 영광을 돌리게 하려 하심이라 기록된 바 그러므로 내가 열방 중에서 주께 감사하고 주의 이름을 찬송하리로다 함과 같으니라"(롬 15:9)

적용하기 : 혹시 은연중에라도 혼자서 또는 사람들 앞에서 여호와의 이름을 부정적으로 말하지는 않았습니까?

❸ 눈에는 눈, 이에는 이

핵심구절 : "사람을 쳐 죽인 자는 반드시 죽일 것이요 짐승을 쳐 죽인 자는 짐승으로 짐승을 갚을 것이며 사람이 만일 그의 이웃에게 상해를 입혔으면 그가 행한 대로 그에게 행할 것이니 상처에는 상처로, 눈에는 눈으로, 이에는 이로 갚을지라 남에게 상해를 입힌 그대로 그에게 그렇게 할 것이며"(레 24:17~20)

너무나도 유명한 이 말씀은 고대 중근동 지역에서뿐만 아니라 현대 중동지역에서도 통용되고 있는 법 중의 하나입니다. 이 법은 동해보상법(同害報償法) 또는 동해보복법, 동해배상법 등으로 불리어지는데, 자기가 당한 손해나 피해 이상으로 복수하지 말라는 것입니다. 이것을 개인 간의 다툼으로 한정하지 않고 공식적인 율법 가운데 둔 것은 그 의미가 명백합니다. 원수를 갚거나 원한에 차서 상대방을 저주하고 서로 간에 또 다시 복수를 부르는 그런 일을 금함으로써 이스라엘 공동체의 생명을 유지하기 위한 것입니다. 누군가에게 해를 당하면 그 이상으로 갚아주고 싶은 것이 인간의 심리입니다. 그 심리대로 한다면 짐승과 다를 것이 없는 것이고 그 집단은 결코 유지할 수 없을 것입니다. 결국 이것도 이웃사랑의 테두리 안에서 행해지도록 하신 하나님의 명령인 것입니다. 그래서 예수님도 이것을 이웃사랑의 범주에 넣으셨던 것입니다.

예수님은 이 법을 지적하시면서 "또 눈은 눈으로, 이는 이로 갚으라 하였다는 것을 너희가 들었으나 나는 너희에게 이르노니 악한 자를 대적하지 말라"(마 5:38~39)고 하셨습니다. 그리고 이어서 "누구든지 네 오른편 뺨을 치거든 왼편도 돌려 대며 또 너를 고발하여 속옷을 가지고자 하는 자에게 겉옷까지도 가지게 하라"(마 5:39~40)고 하셨습니다. 물론 예수님께서 이 법에 대해서 반론을 펴시는 것이 아니라 그 법의 근본 취지를 지적하신 것입니다. 하나님께서 율법을 제정하신 것은 이스라엘에게는 최소한의 금지조항이었습니다. 하나님은 백성들이 한 몸처럼 움직이고 하나님의 나라를 세상에서 실현하려면 최소한 이것 이상은 행하지 말아야 한다고 가르치신 것입니다. 하나님의 마음은 심판이나 처벌이 아니라 사랑인 것입니다.

"내 사랑하는 자들아 너희가 친히 원수를 갚지 말고 하나님의 진노하심에 맡기라 기록되었으되 원수 갚는 것이 내게 있으니 내가 갚으리라고 주께서 말씀하시니라 네 원수가 주리거든 먹이고 목마르거든 마시게 하라 그리함으로 네가 숯불을 그 머리에 쌓아 놓으리라 악에게 지지 말고 선으로 악을 이기라"(롬 12:19~21)

적용하기 : 세상에서 여러 가지 법적인 부딪침이 있을 때 당신의 행동 기준은 무엇입니까? 동해보상법입니까, 사랑의 법입니까?

하나님의 마음

하나님은 인간의 죄의 속성을 누구보다 잘 아십니다. 그래서 그 죄를 하나님의 은혜로 덮으려고 하십니다. 당신은 이 하나님의 섭리를 얼마나 알고 믿고 따릅니까?

오늘 받은 은혜 :

전체적으로 당신이 받은 은혜와 느낌을 기록해보십시오.

실천을 위한 도전 (기도하여 성령님의 인도하심을 받으십시오.)

하나님은 하나님 앞에서 거룩함을 요구하시는 것처럼 사람 앞에서도 거룩하기를 원하십니다. 사람 앞에 거룩하지 못했던 부분을 한 가지만 생각하고 고치십시오.

25
안식년과 희년
레위기 25:1~55

본문 개론

이스라엘 백성들과 땅 사이에는 밀접한 관계가 있습니다. 둘 모두 안식이 필요하다는 점입니다. 안식년과 희년의 근간에는 자유라는 기본적인 주제가 들어있습니다. 430년 동안 애굽에서 종노릇하며 살던 하나님의 백성들은 하나님의 능력으로 기적적으로 출애굽하여 노예생활에서 자유롭게 되었습니다. 희년은 그 하나님의 은혜를 50년마다 반복적으로 다함께 기억하게 하시는 것이었습니다. 그러므로 그것은 동시에 원래의 하나님의 백성으로의 회복이라는 의미가 깊이 들어있는 것입니다. 희년에는 이스라엘 백성을 위한 총체적인 회복이 이루어집니다. 그것은 저 영원한 천국으로의 회복이 우리를 기다린다는 의미도 포함되어 있는 것입니다.

안식년과 희년의 규례는 고대법뿐만 아니라 어떤 사회에서도 그 유례를 찾아볼 수 없을 정도로 특별하며, 경제 분배의 정의를 통한 사회정의의 실현을 목표로 하는 의미에서 그 가치를 지니며, 하나님의 선택된 언약의 백성들이 마땅히 실천해야 할 자비와 평등의 법이 구체적으로 안식년과 희년을 중심으로 펼쳐지는 것입니다. 개인적으로 지성소와 삶에서의 거룩함을 지켜야 하는 것과 별개로 사회적 실천에서도 역시 거룩함을 지켜야 한다는 말입니다.

개인의 거룩함이 모여서 사회적 거룩함으로 성취되는 것입니다. 이것은 사실상 이웃사랑의 대원칙과도 같다는 사실을 또한 알고 있어야 하겠습니다.

본문 구성

본문 적용

희년에는 하나님과 백성, 백성들과 백성들 사이에서 야기될 수 있는 모든 부자유한 것들이 완전히 회복되어 본래의 상태로 돌아가는 해방과 자유의 기쁨을 누리게 됩니다. 못 갚은 빚을 탕감해주고 팔렸던 토지를 원주인에게 돌려주며 같은 백성을 종으로 삼았던 데에서 해방하여 가족에게도 돌아가게 했습니다. 다만 성경에서는 이런 희년이 구체적으로 시행되었는가에 대해서는 기록이 남아있지 않습니다. 그러나 이 희년의 규례는 오늘날의 신앙인들에게 대단히 중요한 의미와 원리를 제공해주고 있습니다. 토지의 안식을 통하여 인간의 영적 안식에 대한 소망을 제시하고 하나님의 창조질서가 회복된 영원한 천국의 모형을 제시하며 이 땅에서의 욕심에 빠지지 않고 오직 하나님께만 모든 삶을 맡길 수 있는 신앙을 소유할 수 있게 해주는 것입니다. 작은 부분이라도 희년의 명령을 삶속에서 행하기를 바랍니다.

❶ 모든 것이 공동소유

핵심구절 : "네가 거둔 후에 자라난 것을 거두지 말고 가꾸지 아니한 포도나무가 맺은 열매를 거두지 말라 이는 땅의 안식년임이니라 안식년의 소출은 너희가 먹을 것이니 너와 네 남종과 네 여종과 네 품꾼과 너와 함께 거류하는 자들과 네 가축과 네 땅에 있는 들짐승들이 다 그 소출로 먹을 것을 삼을지니라" (레 25:5~7)

기본적으로 안식년과 희년에 대한 계명은 오직 하나님만이 모든 땅의 주인이시고 권한을 가지고 계신다는 사실을 각인시키려는 것입니다. 이 법은 광야생활에서부터 적용할 수 있는 것이 아니라 가나안 정복 이후, 그 중에서도 완전히 정복하고 난 이후인 여호수아 8년째로부터 시작되는 법입니다. 가나안 땅은 하나님께서 아브라함에게 주기로 약속하신 것으로 모든 땅은 하나님의 은혜와 능력으로 차지한 것이므로 어떤 개인의 소유가 될 수 없었습니다. 따라서 땅이란 하나님께로부터 허락받은 소작농에 가까운 것이었습니다. 땅에 안식년을 부여하시는 것은 소작농으로서 일하는 결실은 스스로가 취하지만 그 나머지 안식년의 소출은 자기 것이 아니라 모든 백성들, 그 중에서도 종들과 품꾼들과 가난한 나그네들과 심지어 가축과 들짐승의 것으로 남겨두라는 말입니다.

　우리 그리스도인들에게는 이 안식년의 사상이 심령을 지배하게 해야 합니다. 사실상 오늘날의 성도들이 보편적으로 가지고 있는 신앙은 지극히 개인적이고 세상적인 것에 불과합니다. 안식년 사상을 단지 구약에서 일시적인 필요에 의해 부여하신 것으로 생각하는 것입니다. 안식년의 사상이 하나님에 의하여 선포된 것이고 오늘날 신약성도들에게도 그대로 적용되어야 하는 증거는 안식년에 농사를 짓지 않아도 하나님께서는 제6년에 3년 동안 쓰기에 풍족할 만큼 더 수확하게 하시겠다는 말씀에서 잘 드러납니다 (21~22). 이는 마치 광야의 만나를 주실 때에도 안식일에는 거두지 말라고 하시면서 전날에 두 배를 거두게 하겠다고 하신 말씀과 같습니다. 우리가 이웃과 소유를 나누어도 하나님께서 삶을 책임져 주십니다. 안식년은 땅의 능력을 증대하는 목적도 있지만 그것이 결국 이스라엘 모든 백성들에게 큰 유익이 되게 하시고 하나님만을 섬기는 백성으로 만들기 위한 제도인 것입니다. 우리의 소유의 일부분은 이웃과 공동소유입니다.

"이와 같이 너희 중의 누구든지 자기의 모든 소유를 버리지 아니하면 능히 내 제자가 되지 못하리라"(눅 14:33)

적용하기 : 당신이 얼마의 소유를 가지고 있든 모든 것이 하나님의 것이며 그 중 어떤 부분은 이웃과의 공동소유라는 생각으로 살고 있습니까?

❷ 자유를 선포하라.

핵심구절 : "일곱째 달 열흘날은 속죄일이니 너는 뿔나팔 소리를 내되 전국에서 뿔나팔을 크게 불지며 너희는 오십 년째 해를 거룩하게 하여 그 땅에 있는 모든 주민을 위하여 자유를 공포하라 이 해는 너희에게 희년이니 너희는 각각 자기의 소유지로 돌아가며 각각 자기의 가족에게로 돌아갈지며 그 오십 년째 해는 너희의 희년이니 너희는 파종하지 말며 스스로 난 것을 거두지 말며 가꾸지 아니한 포도를 거두지 말라"(레 25:9~11)

구원은 모든 것에서의 자유를 뜻합니다. 죄에서의 자유, 죽음에서의 자유, 세상에서의 자유, 마귀에게서의 자유, 지옥으로부터의 자유입니다. 그 말은 사람이 사람을 구속할 수 없다는 말입니다. 돈으로든지 소유로든지 나이로든지 지식으로든지 직업으로든지 다른 사람을 속박해서는 안 됩니다. 희년제도는 바로 그런 모든 속박에서 자유를 선포한다는 의미로 속죄일 곧 7월 10일에 전국에서 나팔을 붊으로써 시작되는 한 해인 것입니다. 희년을 맞이하여 백성들 중 종 되었던 사람들이 해방되어 가족에게로 돌아갔고, 채권자에게 매여 있던 채무자의 빚이 모두 탕감되었으며, 타인에게 팔렸던 토지나 가옥 등은 원래의 주인에게로 돌아갔습니다. 예외적인 경우가 있었지만 기본적인 원리를 크게 벗어난 것은 아니었습니다. 우리가 무엇에 성공하고 사람들을 많이 모으고 직위나 신분이 올라가려는 욕심은 모두가 희년에는 자유를 선포해야 하는 대상들입니다.

인간의 죄로 말미암아 발생하는 모든 것들을 지배하기 위해서도 이 희년의 원리는 오늘날에도 그대로 적용이 되어야 합니다. 단지 구약시대의 유물이 아닙니다. 희년의 사상을 퍼뜨리기 위함도 아닙니다. 그것은 복음의 일부이지 전부가 아니기 때문입니다. 희년은 정의의 실현이 아니라 자유의 선포이고 이웃사랑의 실현입니다. 이 땅에서 완전하게 희년을 살기는 어려울지 몰라도 적어도 이웃을 자기 자신처럼 사랑한다는 차원에서 이 희년은 어떤 식으로든지 실현될 수 있습니다. 인간이 추구하고자 하는 이상향이 아닙니다. 모든 그리스도인들은 희년의 마음가짐으로 사는 사람들입니다. 예수님께서 그렇게 사셨습니다. 예수님을 따르는 성도들도 그렇게 살아야 합니다. 그렇지 않다면 다른 종교들과 무엇이 다르겠습니까? 많은 장애와 난관이 기다리겠지만 우리가 나아가야 할 방향입니다.

"주의 성령이 내게 임하셨으니 이는 가난한 자에게 복음을 전하게 하시려고 내게 기름을 부으시고 나를 보내사 포로 된 자에게 자유를, 눈 먼 자에게 다시 보게 함을 전파하며 눌린 자를 자유롭게 하고 주의 은혜의 해를 전파하게 하려 하심이라 하였더라"(눅 4:18~19)

적용하기 : 희년의 실천은 지극히 작은 것 한 가지로부터 출발할 것입니다. 무엇이 되었든 희년의 정신으로 자유롭게 해야 합니다.

❸ 하나님의 종

핵심구절 : "주인은 그를 매년의 삯꾼과 같이 여기고 네 목전에서 엄하게 부리지 말지니라 그가 이같이 속량되지 못하면 희년에 이르러는 그와 그의 자녀가

자유하리니 이스라엘 자손은 나의 종들이 됨이라 그들은 내가 애굽 땅에서 인도하여 낸 내 종이요 나는 너희의 하나님 여호와이니라"(레 25:53~55)

사람은 누구나 무엇인가의 종으로 살고 있습니다. 그 무엇을 지배하는 것 같지만 어느 순간부터 오히려 그 무엇의 종이 되고 맙니다. 자기의 소망이나 목표를 향하여 달려가다가 보면 자기 위치를 잃어버리고 무엇인가를 지배하기 위해 많은 노력을 기울이게 됩니다. 그런데 여기에서 중요한 것은 그 무엇을 지배하려고 하는 순간 어느새 하나님으로부터 멀어지게 된다는 사실입니다. 본문에서 하나님은 "이스라엘은 나의 종들이 됨이라."고 말씀하십니다. 이 말씀은 이스라엘 백성들은 그 누구의 영원한 종이 될 수 없다는 것입니다. 다른 이방인은 남의 영구한 종이 될 수 있지만 이스라엘은 그렇지 않습니다. 희년은 바로 이 종에서 자유를 얻고 하나님의 종이 된다는 선포입니다. 더 나아가 땅이나 종을 소유하고 있는 백성들도 전부 하나님의 종이라는 뜻이기도 합니다.

우리는 모두 목회자나 선교사를 주의 종이라고 부르지만 모든 그리스도인들은 전부 그리스도의 종들입니다. 예수님의 보혈의 공로로 구속된 사람들이기 때문입니다. 물론 이것은 예수님께서 우리를 노예로 부리겠다는 말씀이 아닙니다. 하나님의 아들로서 입양되었다는 뜻입니다. 우리를 부려먹기 위해서가 아니라 우리와 함께하시기 위해서 우리를 구속하신 것입니다. 하나님께서 우상숭배를 극도로 경계하신 것은 그들이 하나님의 종이 아니라 귀신의 종들이기 때문입니다. 성공이나 번영에 함몰되어서는 안 되는 까닭은 성공과 번영의 종이 되어 버리기 때문입니다. 교회부흥의 종이 된다는 말은 생소하겠지만 하나님보다 부흥에 더 치중하면 하나님과 멀어지게 된다는 뜻입니다. 하나님의 종으로서의 최소한의 자세도 보여주지 못한다면 그 사람은 구원받은 백성이라고 보기는 어렵습니다. 구원의 확신이 있어도 하나님의 종으로 살지 못한다면 그 확신은 가짜이거나 아니면 많은 변화가 필요한 상태입니다. 이스라엘이 희년을 통하여 하나님의 종 됨을 회복하도록 하신 것과 마찬가지로 우리는 매주일, 말씀을 대하고 기도할 때마다 상기해야 합니다.

"너희는 자유가 있으나 그 자유로 악을 가리는 데 쓰지 말고 오직 하나님의 종과 같이 하라"(벧전 2:16)

적용하기 : 당신이 하나님의 종으로 사는 부분과 그렇게 살지 못하는 부분을 이야기해 보십시오. 무엇을 어떻게 고치겠습니까?

하나님의 마음

안식년과 희년은 복음과 일치하는 하나님의 명령입니다. 당신은 희년을 사문화된 명령으로 생각하지는 않았습니까? 희년을 당신의 삶에 조금이라도 적용해보십시오.

오늘 받은 은혜

전체적으로 당신이 받은 은혜와 느낌을 기록해보십시오.

실천을 위한 도전 (기도하여 성령님의 인도하심을 받으십시오.)

당신 스스로가 속박을 느끼고 있는 것이 있습니까? 무엇인지 이야기해보고 거기에서 벗어날 수 있는 방법이 있는지 연구해보십시오. 물리적인 속박이 속박은 아닙니다.

축복과 저주

레위기 26:1~46

본문 개론

이스라엘에 주시는 하나님의 율법의 기본은 하나님께 대한 올바른 예배로부터 출발합니다. 그것은 특히 안식일을 지키고 하나님의 성소를 공경함으로써 증명될 것입니다. 총체적으로 하나님의 규례를 순종하면 반드시 평화와 번성과 승리를 주실 것입니다. 그러나 그것은 단지 이 땅에서의 축복을 말하는 것이 아니라 타락 이전의 하나님과 아담과 하와의 관계를 상정하는 것입니다. 하나님과의 화평하고 의로운 관계가 성립되면 하나님의 언약은 발동될 것입니다. 그러나 하나님의 규례를 무시하거나 지나쳐버리면 하나님의 공의가 불가피하게 심판을 가져옵니다. 하나님의 심판을 무시하면 그냥 지나가는 것이 아니라 더욱 큰 재앙을 당할 것입니다. 본장에서는 '일곱 배'라는 표현이 자주 등장합니다. 그러나 하나님의 기본적인 마음은 사랑이십니다. 언제나 끊임없이 회개하기를 기다리시며 백성들이 청종하기를 바라십니다. 그럴 때 하나님은 언약을 갱신하시고 다시 유효하게 만들어주십니다. 지금도 하나님은 우리 그리스도인들이 사소한 죄라도 깨우치고 회개하기를 기다리고 계십니다.

본문 구성

본문 적용

순종, 불순종을 말할 때 무의식적으로 율법적인 명령을 생각하게 될 것입니다. 물론 본문에서는 무조건 지킬 것인가 안 지킬 것인가에 대해서만 강조하고 있는 듯이 보입니다. 그런데 성경은 무조건적이고 획일적인 명령이라고 생각해서는 안 되고 구석구석에서 순종해야 하는 이유를 분명하게 밝히고 있다는 사실을 알아야 합니다. 군대식으로 명령에 무조건 복종해야 한다는 것이 아니라 왜 그 명령을 내리시는지, 그 명령을 지키지 않으면 어떻게 되는지 등에 대해서 자세하게 설명해주는 경우가 대부분인 것입니다. 물론 그럼에도 불구하고 역사적으로 이스라엘 백성들은 결국에는 불순종하여 멸망하게 되었습니다만, 그렇기 때문에 오히려 오늘날의 그리스도인들은 하나님의 말씀의 원리를 깨닫고 하나님을 기쁘시게 하는 백성들이 되어야 할 것입니다. 알다시피 그 원리를 깨달을 때에 비로소 우리는 예수님의 마음을 느끼게 될 것이고, 그런 예수님의 마음을 성령님의 도우심으로 우리 심령 가운데 소유하게 될 때 진정한 하나님의 백성들이 될 것이며, 현대를 살아가는 예수님의 참 제자들이 될 수 있을 것입니다. 성경을 읽을 때에는 하나님의 마음을 이해하고 느끼려고 해야 합니다.

❶ 온전한 예배

핵심구절 : "너희는 자기를 위하여 우상을 만들지 말지니 조각한 것이나 주상을 세우지 말며 너희 땅에 조각한 석상을 세우고 그에게 경배하지 말라 나는 너희의 하나님 여호와임이니라 너희는 내 안식일을 지키며 내 성소를 경외하라 나는 여호와이니라 너희가 내 규례와 계명을 준행하면 … 그러나 너희가 내게 청종하지 아니하여 이 모든 명령을 준행하지 아니하며 내 규례를 멸시하며 마음에 내 법도를 싫어하여 내 모든 계명을 준행하지 아니하며 내 언약을 배반할진대"(레 26:1~3, 14~15)

우상을 멀리하고 안식일을 지키며 성소를 경외하는 이 세 가지 규례는 순전한 제사 곧 예배를 말하는 것입니다. 안식일 지킴과 중앙 성소에 대한 경외는 시간적, 공간적으로 오직 여호와만 섬기고 순종하겠다는 예배의 완전한 구성요소가 되며, 그렇게 되면 따라서 우상숭배와 같은 범죄에 빠질 수가 없게 되는 것입니다. 앞장에서는 안식년과 희년을 중심으로 이웃사랑에 대해 가르치셨다면 이번 장에는 하나님과의 관계가 깨어지지 않도록 경고하신 장이라고 할 수 있습니다. 거룩한 예배에 철저하게 순종하고 계명을 지키면 영구한 복을 내리실 것이고 그 계명을 준행하지 않으면 자손 대대로 심판과 저주가 따라온다는 것입니다.

그런데 여기에서 다시 생각해보아야 할 것은 이 율법을 지킨다는 의미가 무엇인가에 대한 것입니다. 예를 들어 바리새인들은 율법과 계명을 철저하게 지키기로 유명한 사람들이었지만 그들은 하나님의 마음을 전혀 알지 못한 채 오히려 메시아를 십자가 못 박고 말았습니다. 그런데 율법과 무관하게 사는 죄인들에 대해서는 예수님은 오히려 그 죄를 지적하지 않으시고 구원의 손길을 내미셨습니다. 오늘날에도 무조건 예배만 열심히 드리면 복을 받는다는 생각으로 신앙생활을 하는 사람들이 많습니다만, 예배이든 제사이든 성소이든 안식일이든 희년이든 하나님께서 내려주신 본래의 목적과 방향을 깨닫지 못하고 겉으로만 형식적으로 지킨다면 하나님은 그것을 결코 받지 않으십니다. 온전한 예배는 하나님의 마음과 일치되는 예배입니다. 그래서 회개가 필요한 것입니다.

"아버지께 참되게 예배하는 자들은 영과 진리로 예배할 때가 오나니 곧 이 때라 아버지께서는 자기에게 이렇게 예배하는 자들을 찾으시느니라 하나님은 영이시니 예배하는 자가 영과 진리로 예배할지니라"(요 4:23~24)

적용하기 : 당신이 예배드릴 때 가장 중점적으로 생각하는 부분은 무엇입니까? 하나님과 교통하기 위해 무엇이 가장 필요합니까?

❷ 회개와 국가

핵심구절 : "그들이 나를 거스른 잘못으로 자기의 죄악과 그들의 조상의 죄악을 자복하고 또 그들이 내게 대항하므로 나도 그들에게 대항하여 내가 그들을 그들의 원수들의 땅으로 끌어갔음을 깨닫고 그 할례 받지 아니한 그들의 마음

이 낮아져서 그들의 죄악의 형벌을 기쁘게 받으면 내가 야곱과 맺은 내 언약과 이삭과 맺은 내 언약을 기억하며 아브라함과 맺은 내 언약을 기억하고 그 땅을 기억하리라"(레 26:40~42)

그리스도인의 회개와 국가의 회복에는 어떤 상관관계가 있을까요? 이스라엘에 대한 하나님의 경고는 점점 강도가 강해집니다. 질병과 농작물의 저주를 당하고 적에게 패하여 그들의 지배를 받게 됩니다. 그래도 안 들으면 일곱 배의 저주 곧 땅의 소산을 막게 되고, 그 다음에 일곱 배의 저주로서 짐승들의 공격, 양식의 절대 부족, 시체까지 먹게 되는 날이 올 것이고, 마지막 재앙으로는 적들에게 포로로 붙잡혀 갈 것이라고 하십니다. 국가가 패망하고 백성들이 포로가 되리라는 이 말씀은 결국 실현되고 말았습니다. 이스라엘의 죄악을 국가의 패망과 연결하고 계십니다. 그 말은 백성들이 회개하고 돌이키면 국가도 회복하시겠다는 말씀인데 그들이 죄를 깨닫고 모든 것이 하나님의 형벌임을 알고 하나님의 말씀에 순종하기로 하면 모든 것을 돌이키신다는 말씀입니다.

그렇다면 우리 그리스도인들과 대한민국이라는 나라는 어떤 관계가 있을까요? 이스라엘은 여호와의 신정국가로서 하나님께서 만들어주신 나라이지만 대한민국은 전혀 그런 것이 아니고 단지 우상국가였을 뿐입니다. 물론 하나님께서 특별한 은혜를 주셔서 유례가 드물 정도로 발전하게 하시고 수많은 교회들을 만들어낸 것은 사실입니다. 그러나 레위기에서처럼 교회 예배를 순수한 믿음으로 열심히 드린다고 해서 하나님께서 복을 주시는 것은 아니고 또 잘못된 길에서 회개한다고 해서 회복해주시는 것은 아닙니다. 예배를 잘 드려야 하는 것은 사실이지만 예배의 개념을 시간적, 장소적인 예배가 아니라 실천적으로 하나님의 사랑을 이웃에게 적용하는 살아있는 예배를 드려야 합니다. 그럴 때 하나님은 돌이켜보시고 국가이든 공동체이든 회복해주시는 것입니다. 오늘날의 회개는 바로 그것입니다. 삶 속에서 하나님께 영광을 드리지 못하는 겉모습만의 예배를 회개하고 생명으로 삶에서 예배드리는 성도들이 되어야 합니다.

"만일 누가 말하려면 하나님의 말씀을 하는 것 같이 하고 누가 봉사하려면 하나님이 공급하시는 힘으로 하는 것 같이 하라 이는 범사에 예수 그리스도로 말미암아 하나님이 영광을 받으시게 하려 함이니 그에게 영광과 권능이 세세에 무궁하도록 있느니라"(벧전 4:11)

적용하기 : 당신은 교회에서의 예배만 예배라고 생각하지 않았습니까? 살아있는 실천적인 예배를 어떻게 드릴 수 있겠습니까?

하나님의 마음

축복과 경고의 말씀을 동시에 내리시는 하나님의 마음은 언약의 회복입니다.
당신은 항상 언약 가운데 있습니까?

오늘 받은 은혜

전체적으로 당신이 받은 은혜와 느낌을 기록해보십시오.

실천을 위한 도전 (기도하여 성령님의 인도하심을 받으십시오.)

순수하게 하나님과의 관계를 생각할 때 당신은 어떤 것으로 가려져 있다고 생
각합니까? 실천적 예배라는 말 속에서 당신이 할 수 있는 것 한 가지를 행해보
십시오.

27
서원에 관한 규정
레위기 27:1~34

본문 개론

레위기의 마지막 장은 서원에 대한 마지막 마무리입니다. 왜 하나님은 이스라엘의 법 체계인 레위기의 마지막을 서원에 관한 규례로 마무리하게 하셨을까요? 깊이 생각해보면 하나님과 이스라엘 백성들의 관계는 종합적으로 신뢰의 관계라고 할 수 있습니다. 아무리 하나님의 말씀에 순종하고 철저하게 율법을 지킨다고 하더라도 하나님과 신뢰관계가 형성되지 않으면 끝까지 하나님을 섬길 수가 없습니다. 그것은 거룩하지 못한 결과로 마무리지어질 수밖에 없습니다. 그런데 그 신뢰관계에 금이 가는 일이 있다면 그것은 무엇일까요? 크고 중대하고 무거운 것에서는 좀처럼 깨지기가 힘들 것입니다. 그러나 우리가 별로 크게 생각하지 않는 작은 부분에서 오히려 금이 감으로써 결국 믿음이 사라져버릴 수가 있습니다. 우리의 일상생활에서도 마찬가지입니다. 무시무시한 명령과 완전한 순종을 요구하시는 하나님께서 레위기의 마지막을 서원에 대한 규례로 결론을 내리시는 데에는 작고 사소한 일까지 살피심으로써 더욱 백성들과 깊은 신뢰를 유지하고자 하시는 목적이 들어있는 것입니다.

하나님께 바치기로 서원한 사람   (1~8)

하나님께 바치기로 서원한 가축   (9~13)

하나님께 바치기로 서원한 주택과 토지   (14~25)

서원할 수 없는 가축, 소유, 십일조   (26~34)

본문 적용

서원하지 않는다고 해서 아무도 탓할 사람은 없습니다. 하나님도 서원하지 않는 것을 탓하지는 않으십니다. 그러나 자원하여 서원을 행한 경우에는 몇 가지 충실하지 못하게 만드는 경우들이 있습니다. 성막에서 봉사하는 대신 사람을 서원했을 경우 사정이 여의치 못할 수가 있습니다. 가축을 드리기로 서원했는데 가축의 우열 때문에 마음이 나누일 수 있습니다. 집이나 밭을 서원하여 드렸는데 아까운 마음이 들거나 예상했던 금액과 안 맞을 수도 있습니다. 그러면 마음이 불편해지고 하나님께 자원하여 드렸던 기쁜 마음이 사라집니다. 그래서 하나님은 서원할 수 없는 짐승의 첫 새끼나 오직 하나님께만 바친 모든 것과 십일조에 관한 것도 서원할 수 없게 하신 것입니다. 본장을 읽을 때에는 감동이 되어 드리기로 했던 모든 것, 시간, 물질, 봉사 등 사소한 부분이 생각나고 온전해지기를 위해 기도하고 꼭 서원이 아니라도 하나님과의 관계에서 사소하게 걸려있는 것을 제하여야 하겠습니다.

❶ 되도록 서원하지 말라

핵심구절 : "네 하나님 여호와께 서원하거든 갚기를 더디 하지 말라 네 하나님 여호와께서 반드시 그것을 네게 요구하시리니 더디면 그것이 네게 죄가 될 것이라 네가 서원하지 아니하였으면 무죄하리라 그러나 네 입으로 말한 것은 그대로 실행하도록 유의하라 무릇 자원한 예물은 네 하나님 여호와께 네가 서원하여 입으로 언약한 대로 행할지니라"(신 23:21~23)

이것은 어떤 대가의 문제가 아니라 믿음의 문제입니다. 하나님을 얼마나 경외하고 의지하는가의 문제이기도 합니다. 사람도 다른 사람에게 약속을 했으면 반드시 지켜야 하고 만약에 지키지 못할 상황이 될 때는 미리 양해를 구하여 서로 간에 신의가 사라지지 않도록 해야 합니다. 하물며 하나님께 약속하고 맹세한 것을 지키지 않는다면 그것은 하나님을 가볍게 여기는 것이라고 밖에는 말할 수 없을 것입니다. 사람에게 약속을 할 때에도 신중하게 생각하고 지킬 수 있는 데까지만 약속해야 하는데 더구나 하나님께 서원할 때에는 가볍게 생각하지 말고 신중하게 결정하고 약속해야 합니다. 서원이란 하나님께 자발적으로 드리는 헌신, 헌물이기 때문에 서원하지 않는 것은 결코 죄가 될 수 없지만 그러나 일단 서원하면 반드시 지키도록 해야 합니다.

하나님께 자원하여 서원을 드린다는 말은 하나님을 사랑하고 하나님을 기쁘시게 해드리고자 하는 믿음의 행위입니다. 그래서 서원자와 하나님 사이에 밀접한 친분관계가 형성되는 것이고 늘 하나님의 은혜에 감사하는 좋은 결과를 낼 수 있습니다. 그런데 만약에 서원을 해놓고도 나중에 생각해보니 사정이 안 될 것 같아 취소하고 싶은 마음이 들 때가 있는데 이때는 대개 하나님의 은혜에 대해 감정적인 반응이 일어날 때이기 쉽습니다. 그러므로 오늘날에도 혹시 하나님께 서원하고 싶은 마음이 있다면 우선 자신의 형편으로 감당할 수 있을 만큼만 하는 것이 중요하고, 믿음으로 드리는 서원이라도 삶 속에서 실천 가능한 정도를 생각하는 것이 필요합니다. 하나님은 약속을 취소하지 못하시는 분임을 생각하고 신중하게 해야 합니다.

"바울은 더 여러 날 머물다가 형제들과 작별하고 배 타고 수리아로 떠나갈 새 브리스길라와 아굴라도 함께 하더라 바울이 일찍이 서원이 있었으므로 겐그레아에서 머리를 깎았더라"(행 18:18)

적용하기 : 당신은 혹시 작은 서원이라도 하나님께 드렸다가 실행하지 못했거나 잊어버린 것이 없습니까? 생각나게 해달라고 기도하고 서원을 갚으십시오.

❷ 취소가 가능하다고?

핵심구절 : "만일 그가 그것을 무르려면 네가 정한 값에 그 오분의 일을 더할지니라 … 만일 그 사람이 자기 집을 무르려면 네가 값을 정한 돈에 그 오분의 일을 더할지니 그리하면 자기 소유가 되리라 … 만일 밭을 성별하여 드린 자가 그것을 무르려면 네가 값을 정한 돈에 그 오분의 일을 더할지니 그리하면 그것이 자기 소유가 될 것이요"(레 27:13, 15, 19)

놀라운 사실은 서원예물을 취소할 수 있다는 것입니다. 단, 정해진 값에 20%를 더 붙여서 돈으로 헌금하면 도로 자기 소유가 될 수 있습니다. 사람에 대한 서원의 규례도 몸으로 하나님께 헌신하기를 서원했던 사람이 여러 가지 형편상 도저히 그 서원대로 행하지 못할 경우에 사람대신 매겨지는 값입니다. 이 때 사람에 대한 값으로 정해진 것이 없기 때문에 남녀와 나이에 따라 그 값을 정하고 제사장에게 속전(贖錢)으로 드리는 것입니다. 사람을 서원으로 드렸어도 부득이한 경우에 무를(취소할) 수 있다는 말입니다. 후에 사사인 입다가 암몬과의 전투에서 승리하게 해주시면 누구든지 자기를 가장 먼저 영접한 사람을 번제로 드리겠다고 서원하였다가 자기 딸이 먼저 나오는 바람에 하나님께 바치게 되는데(삿 11:34~35), 이 때 사람을 값으로 대신할 수 있는 이 규례를 모르고 있었던 것 같습니다.

아무튼 하나님은 거룩하시고 완전하시지만 이미 구약시대부터 사람의 형편과 처지를 살피시는 분이셨습니다. 본장은 사실상 서원취소법이라고 할 수 있습니다. 하나님은 정의와 공평의 하나님이신 것은 틀림없지만 동시에 사랑과 은혜의 하나님이기도 하십니다. 분명히 조금도 흐트러짐 없는 의를 원하시지만 동시에 어쩔 수 없는 인간의 한계를 살피십니다. 하와가 타락하기 전이었음에도 불구하고 선악열매를 먹은 것도 어쩌면 인간의 어쩔 수 없는 약점 때문일 수도 있습니다. 그래서 벌을 받지만 반면에 또 살길을 열어주시고 속죄제사로 죄를 씻게 하시고 마지막에는 예수 그리스도로 말미암아 모든 문제를 단번에 해결하기도 하십니다. 레위기에서 인간의 죄를 용서하지 않으시고 인간이나 짐승들을 죽이심으로써 정결하심과 거룩하심을 요구하신 하나님은 마지막 장에서 은혜와 사랑으로 서원을 취소할 수 있게 하심으로써 또 다른 감동을 주십니다.

"하나님이 능히 모든 은혜를 너희에게 넘치게 하시나니 이는 너희로 모든
일에 항상 모든 것이 넉넉하여 모든 착한 일을 넘치게 하게 하려 하심이
라"(고후 9:8)

적용하기 : 하나님 앞에서 서약하거나 어려움 당했을 때 드린 약속도
모두 다 하나님께 드린 서원입니다. 잊어버린 약속이 있다면 지키거나
그 값을 정하여 20% 더하여 드리시기 바랍니다.

하나님의 마음

믿음은 하나님의 약속을 믿는 것입니다. 서원은 함께 약속하는 것입니다. 하나님도 우리를 믿으실 수 있어야 합니다. 하나님은 당신을 얼마나 믿으실까요?

오늘 받은 은혜

전체적으로 당신이 받은 은혜와 느낌을 기록해보십시오.

실천을 위한 도전 (기도하여 성령님의 인도하심을 받으십시오.)

당신은 하나님 앞에서 얼마나 자주 결단합니까? 그 결단이 서원입니다. 쉽게 결단했던 내용이 있다면 우선 한 가지부터 회개하거나 취소하는 절차를 밟으시기 바랍니다

도서목록표

제 목	면수	정가	제 목	면수	정가
■ 복음소책자			**■ 하나님과의 관계회복**		
1.당신을향한예수님의사랑	252	12,000원	1.그리스도인의 개혁:출발점	504	22,000원
2.기독교에 대해 궁금해요	276	13,000원	2.그리스도인의 회복:정체성	404	20,000원
3.교회는 왜? 성경은 왜?	256	10,000원	3.그리스도인의성화:두번째만남	376	18,000원
4. 통째로 예수님 읽기	272	10,000원	4.그리스도인의 개혁 워크북	164	8,000원
5. 천국과 지옥 보고서	205	8,000원	5.그리스도인의 회복 워크북	128	6,000원
6. 믿음 이야기	256	10,000원	6.그리스도인의 성화 워크북	136	7,000원
7. 예수님의 행복수업(팔복)	208	9,000원	**■ 이웃과의 관계회복**		
■ 핵심복음제자훈련			1. 보이는 복음, 이웃사랑	504	22,000원
1. 구원의 핵심	104	6,000원	2. 복음의통로, 비움과나눔	486	22,000원
2. 믿음의 핵심	113	6,000원	3. 넘치는복음, 낮춤과섬김	484	22,000원
3. 확신의 핵심	108	6,000원	4. 이웃사랑 워크북	152	8,000원
4. 복음의 핵심	116	6,000원	5. 비움과 나눔 워크북	136	7,000원
5. 소망의 핵심	120	6,000원	6. 낮춤과 섬김 워크북	136	7,000원
6. 말씀의 핵심	108	6,000원	**■ 하나님과의관계 묵상**		
■ 나만의 성경 시리즈			1.당신을깨우는한마디1출발점	254	12,000원
1. 나만의 마태복음	168	6,000원	2.당신을깨우는한마디2정체성	244	12,000원
2. 나만의 마가복음	168	6,000원	3.당신을깨우는한마디 3 성화	240	12,000원
3. 누가복음 새 큐티	240	12,000원	**■ 이웃과의 관계 묵상**		
4. 요한복음 새 큐티	240	12,000원	1.하나님마음에쏙드는이웃사랑	200	11,000원
■ 단행본			2.이웃의문을활짝여는나눔의삶	210	11,000원
만약에(성경 속 들락날락)	208	11,000원	**■ 예수님동행훈련**		
작은 교회에 길을 묻다	408	22,000원	1. 예수님과 노숙하기	184	9,000원
단에서 브엘세바까지	344	17,000원	2. 십자가 지고 골고다로	248	12,000원
천만 번의 발걸음/이성용	348	19,000원	3. 예수님따라 복음서 속으로	186	9,000원
오직 변화를 위하여	276	14,000원	4. 한달월급 아낌없이 나누기	240	12,000원
완전하게 하려 함이라	336	17,000원	내가 세례 요한이다	246	12,000원

도서출판 개혁과회복